卷三

中华谚语大全

郑红峰 主编

吉林出版集团有限责任公司

卷六　经验　事理　规律

A

阿谀人人喜，直言个个嫌

谀：说好听的奉承话。指阿谀奉承的人容易讨得他人的喜爱，刚直不阿的人却常常惹人嫌弃。也指人们喜欢奉承，不喜欢直言不讳。

挨金似金，挨玉似玉

比喻接近品质优秀的人或好的环境，就能学到好的东西。

挨着大树不长苗

比喻如果过分依赖权威，就会对自己的发展造成影响。

矮子肚里疙瘩多

古时认为个子矮小的人心计多。

爱跟英雄战，不爱跟狗熊斗

指愿意与英雄交手，不愿同懦夫较量。意谓要比试本领，就找高手比试。

爱火不爱柴，火从哪里来

在生活中不能只注重表面现象，要追根溯源，认识本质。

爱叫的麻雀不长肉

形容虚张声势的人其实没有真正的实力，并不可怕。

爱美之心，人皆有之

说明人人都喜欢打扮得漂亮一些。也形容人人都喜爱美好的事物。

安不忘危，治不忘乱

平安的时候，不要忘了潜伏着的危险；太平的时候，不要忘记动乱有可能随时出现，指人要有远见。

安危相易，祸福相生

意谓安危、祸福互为因果，是可以互相转化的。

岸上修船易，到得江中彻底沉

船坏了，在岸上很容易修好；如果不及时修理，等船到江心时，就会完全沉没。比喻有问题要及时解决，否则会造成彻底的失败。

按牛头吃不得草

意谓依靠强迫的手段得不到好的效果。

按下葫芦起来瓢

把葫芦按在水里，瓢又漂起来。意谓刚解决完一个问题，又出现另一个问题。

暗里箭，最难防

意谓背地里的谋算最难防范。

暗中设罗网，雏鸟怎生识

指幼小的鸟看不到暗中设置的罗网。比喻年轻人缺乏处世经验，很容易落入别人的圈套。

熬不过艰辛，就难得安乐；离开了和睦，就别想幸福

只有历经千辛万苦才会争得到平静幸福的生活，如果彼此之间没有和睦，就会同幸福的生活背道而驰。

鳌鱼脱了金钩去，摆尾摇头更不回

鳌：传说中海里的大鳖或大龟。比喻本领大的人一旦摆脱困境，就会远走高飞。

B

八个人抬不走一个"理"字

只要事情合乎事理，任何力量也改变不了。

八十岁婆婆莫夸嘴，保得儿子保不得女

指人的能力有限，不可能什么都顾及到。

八字不见一撇，九字不见一钩

比喻事情没有眉目，不可以急于求成，采取下一步措施。

拔出脓来，才是好膏药

指能吸出脓水的膏药，才是好的膏药。比喻能够解决实际问题的办法才是好办法。

拔了萝卜地皮宽

拔掉了萝卜，地头干净利落了。比喻一旦卸掉了负担，就会觉得非常轻松舒坦。也比喻铲除他人的力量，扩张自己的领地。

拔了毛的凤凰不如鸡

形容有权势的人，一旦失势，就连普通人也不如。

白菜老了筋多，人老了心多

比喻人上岁数后，容易多心多虑。

白的成不了黑的，黑的成不了白的

指事实是不能被歪曲和颠倒的。

白的黑不了，黑的白不了

白的不会成黑的，黑的不会变成白的。意谓事实是歪曲不了的。

白酒红人面，黄金黑世心

白酒能使喝酒的人脸面变红，黄金能使贪财的人心肠变黑。指贪图不义之财，会使人变坏。

白是白，黑是黑

白的就是白的，黑的就是黑的。意谓黑白分明，不能混淆。

白水挤不出油来,废话找不到内容

比喻从空虚乏味的事物中找不到有用的东西。

白纸上写着黑字

意谓证据确凿,难以否认。

百病好医,贼骨难医

指许多病都可以医治,但不知自重、不知好歹的毛病却无法医治。

百步无轻担

意谓所挑的担子再轻,走的路长了也会感到沉重。

百尺高楼从地起

比喻要想成就一番大事业,得从一点一滴做起,不可能一蹴而就。

百尺井水看得清,寸厚人心看不透

指百尺深的井水很容易看清,而人的心思却很难捉摸。

百川归海海不盈

千百条河流汇入大海,海水也不会溢出。

百根柳条能成笤帚,五个指头能握拳头

比喻人多力量大。

百家姓未曾开簿面

还没有打开《百家姓》一书。意谓事情还没有开始。

百金买骏马,千金买美人,万金买爵禄,何处买青春

只要有钱,骏马、美人、爵禄等都可以买到,只有人的青春,再有钱也买不到。指青春一去不复返,一定要珍惜。

百炼才成钢

铁经过千锤百炼才能变成好钢。意指人只有经受反复磨难才会成才。

百灵鸟不忘树,梅花鹿不忘山

比喻人不能忘本,就像百灵鸟不忘栖息的树林,梅花鹿不忘自己栖息的山野。

百麦不成面,百米不成饭

比喻如果没有后天的磨砺,就成不了有用的人才。

百米短跑,需要冲劲;万米长跑,需要耐力

指解决不同的问题需要不同的技巧或方法。

百密未免一疏

指筹划得再周密,也免不了会有疏漏。也指不论怎么严密周到,也免不了会有一时的疏忽。

百密总有一疏

指考虑防备得再周密也难免会有疏漏。

百岁光阴如捻指,人生七十古来稀

百年光阴弹指即过,可人能活到七十岁就已经很难得了。常用以感叹人生的短暂。

百万豪家一焰穷

指即使是拥有百万钱财的富豪之家,也经不住一场大火。比喻火灾无情。

百万事情的关键是一个,千万事情的归根是一个

任何事情都有一个起决定作用的根本所在。指做事要抓住问题的关键所在。

百闻不如一见,百见不如一干

听得再多,也不如亲眼所见;看得再多,也不如亲自去实践来得真实可靠。

百羊之皮,不如一狐之腋

腋:指狐狸腿与腹部相连处的毛皮。一百张羊皮也不如一片狐腋值钱。意谓平庸的人再多,也不如有本事的人一个能人起的作用大,即数量多不如质量好。

百样事情百样巧,独怕窍门你不要

每件事情都有它的精巧之处,就看你能不能找到事情的关键。指要开动脑筋找窍门。

拜的爹娘不会生,求来的雨不会大

比喻总是依靠别人是行不通的。

板板六十四

古代铸钱的模型每板都有六十四枚钱的模孔。意谓做事极为呆板,不灵活。

办事最宝贵的是经验,说话最重要的是根据

长年积累的经验对处理事务很有帮助,人们在说话时,要有理有据,不可以随便乱说。

半生不熟的饭不会喷香,慌乱中办的事不会顺当

只有按部就班,不急不躁,才能把事情做好。

帮人一口得一升,救人一命积善功

指做善事会得善报。

绑鸡的绳子,捆不住大象

比喻用来降服弱者的方法是不能用来降服强者的。

榜样的力量是无穷的

指榜样的模范带头作用是非常大的。

包子有肉不在褶上

指事物的内涵,从表面上是看不到的。

宝剑必付烈士,奇方必须良医

宝剑一定要给予有志于功业的人,特异的药方必须由良医采用。

宝剑卖与烈士,红粉赠与佳人

烈士:指壮士,勇敢、豪壮的人。佳人:美女。指送宝剑给壮士,送红粉给美女。比喻珍贵的礼物应该赠送给于之相称或者最需要的人。

宝剑赠予烈士,红粉送予佳人

指物品要归与其相称的人所有。

宝石在石堆里,智慧在群众中

在石堆里可以找到宝石,在群众中可以找到智慧。比喻群众是一切智慧的源泉。

饱暖生闲事，饥寒发盗心

指人的生活太优越或一旦吃饱穿暖了，经常会游手好闲，惹出许多是非；人在饥寒交迫的时候，被生活所困，就会萌发偷盗的念头。

报喜不报忧

指只说好的不说坏的。

豹的文彩在浮皮，人的成色在心里

豹子华丽的色彩显露在表皮上，而人的本质却藏在内心深处。指对人的判断不可以只看外表。

暴雨能够穿透屋顶，细雨能够穿通岩石

大而急的雨固然能够穿透屋顶，绵绵细雨也能够穿透岩石。比喻力量虽小，只要坚持不懈，就能显示更大的威力。

暴躁的人跳着叫，有智的人坐着笑

有理智的人要更容易控制自己的感情，性情急躁的人则不容易控制。

杯水救不了火

比喻弱小的力量挽救不了大局。

杯水之恩，江河还报

指受到的恩惠即使很小，也要重重地报答。

北人不识梅，南人不识雪

北方人不知道梅，而南方人却不知道雪。指人的认识首先来自于感官，不会认识没有见过的东西。

背暗投明，古之大理

意谓放弃黑暗投奔光明是自古以来的一条真理。

被头里做事终晓得

被头里：被窝里。指即使所做的事十分隐秘，也终究会被发现。比喻私下里秘密做的事，虽然非常隐秘，但最后总会要揭露出来。

本领要在困难中学，朋友要在患难中交

只有穿越重重阻碍，历经磨难才能学到真本事；只有在逆境中，共同承受困难和灾祸的人，才会成为真正的好朋友。

笨人心在舌头上，聪明人舌头在心上

指愚蠢的人说话往往不经考虑，而聪明的人说话多经过深思熟虑。

鄙啬之极，必生奢男

鄙啬：十分吝啬。奢：奢侈。古时认为过于小气的人家，必定会出败家子。

闭眼难看三春景，出水才见两腿泥

闭着眼睛，就看不到春天的美景；从水里走出来，才能看到腿上的泥。比喻到了最后才能看到事情的结果。

别人求我三春雨，我去求人六月霜

三春：春季。指别人来求我帮忙的时候，就好比春天里得到的雨水一样，及时而又方便；我去求别人的时候，却像六月里下霜一样，冷冰冰的。比喻帮助别人容易，求人帮忙办事却很难。

冰出于水而寒于水

比喻学生胜过老师，后人胜过前人。

冰冻三尺，非一日之寒

三尺厚的冰不是一天的寒冷所能冻成的，是长期的严寒形成的。比喻事物的形成，总有个演变发展的过程。

兵不离营，马不离站，放羊不离破羊圈

比喻一个人的发展离不开集体。

兵多好打仗，人多好做活儿

指兵多对打仗有利，人多对干活儿有利。

病僧劝患僧

比喻有相同遭遇的人互相同情、慰勉。

病有四百四病，药有八百八方

指疾病虽然很多，但治病的良药也更多。比喻处理问题的手段总比面临的问题要多。

鹁鸽子旺边飞

鹁鸽子：即家鸽，喜欢栖息在人烟多的地方。比喻小人总是趋炎附势。

搏牛之虻，不可以破虮虱

搏：附。虻：牛虻，吸食牛血的一种虫子。虮虱：一种血吸虫，寄生在人畜身上，虮为虱的卵。指牛虻可以吸牛的血，却无法对付虮虱。比喻能做大事的人不一定做得来小事。

不比不知道，一比吓一跳

不跟别人做比较不知道自己不够，一跟别人相比才知道自己很落后。意谓只有经过比较，才会意识到双方的差距。

不尝苦中苦，不知甜中甜

指没有经历过苦难的日子，就不会感受到幸福生活的甜美。

不吃鱼，口不腥

指不吃鱼，嘴自然就没有腥味。比喻不贪图小利，就不会招来麻烦。

不愁事难，就怕不做

意谓再难的事情只要下决心去做了，就一定能做好。

不当和尚，不知道念经苦

只有自己做了和尚才能体会到做和尚的痛苦。指不亲身经历某些事是不会明白其中的难处的。

不到黄河心不死

不走到黄河边不甘心停下来。意谓不达到目的决不罢休或不到无路可走的境地决不死心。

不到火候不揭锅

比喻只有时机成熟了才可以采取行动。

不到时候花不开,不到时候瓜不结

比喻只有时机成熟,事情才会有结果。

不懂不怕,半懂半怕,全懂全怕

指对于某个事物不知道它的厉害就不会害怕,一旦知道了就会加倍地小心。

不懂天文地理,不足为将;不谙风俗人情,不可行商

如果不懂得当地的气候地形地貌,就成不了好将军;如果不熟悉当地的风土人情,就不能经商。

不动笤帚地不光,不动锅铲饭不香

比喻做事要自己亲历亲为才会有成效。

不读哪家书,不明哪家理

指局外人不了解内情。

不合群的马套杆多,不合群的人困难多

指脱离集体的人,会遇到很多困难。

不患人不知,单怕不知人

不用担心别人不知道自己的本领,就怕自己不了解别人的能耐。意谓做事情只有知己知彼才能成功。

不会撑船嫌河小,不会骑车嫌路弯

不会撑船的人会说因为河太小,不好撑船;不会骑车的人会说因为路弯,不好骑车。指过分强调客观因素对自己的影响。

不会做官看前样

意谓对于自己不会做的事情,可以参照以前的样子去做。

不见风浪,不显本事

意谓不在风浪中行船,就显示不出驶船的本领。

不见高山,不显平地

指没有高山就显不出平地。比喻人或事物之间的差距是通过相互比较才显现出来的。

不见棺材不落泪

没看见棺材,不会掉下眼泪。意谓固执己见,不到彻底失败的时候决不罢休。

不见可欲,使心不乱

意谓不看到自己心仪已久的东西,心绪就不会纷乱。

不见兔子不撒鹰

比喻没有十分把握,就不采取行动。

不见鱼出水,不下钓鱼竿

比喻不做没有把握的事情。

不进深山,不遇老虎;不做事情,不犯错误

指如果不到山林中,就遇不到老虎;如果什么事情都不做,自然就不可能犯错误。

不经一事,不长一智

不经历一件事情,就不能增长对于那件事情的知识。意谓实践能使人增长知识。

不可一日近小人

小人:品质卑劣的人。指不要和品质卑劣的人打交道。

不怕不翻身,只怕不齐心

指不害怕面临的困难,就担心大家不齐心协力。

不怕不识货,就怕货比货

货物质量的好坏,只有通过比较,才能显示出来。泛指事物只有通过比较,才能显出差别。

不怕不识字,就怕不识人

意谓看不透人的本质是会吃亏的。

不怕单,就怕连

比喻只有联合起来才会有力量。

不怕低,单怕比

指人的个子和本领的高低,只有通过比较才能显现出来。

不怕没财,只怕没才

指只要人有才能,就不怕没有钱财。

不怕没好事,就怕没好人

指再好的事,如果有人在其中捣乱就办不好。

不怕没事做,就怕不做事

指不害怕没有事做,只怕有事做的时候却不去做。

不怕难办,就怕商量

指做事就怕前思后想,犹豫不决。

不怕碰见鬼,就怕落后悔

做了让人后悔一辈子的事情,这才是最让人心烦意乱的。

不怕人老,就怕心老

指人的斗志衰退比年纪衰老更加可怕。

不如意事常八九,可与人言无二三

古时指人生不如意的事情很多,能向他人倾诉的却不多。

不塞不流,不止不行

意谓只有破除旧的、错误的东西,才能建立新的、正确的东西。

不善操舟者而恶河之曲

划船划不好的人埋怨河道弯曲,比喻本领不行、办不了事的人总是抱怨客观条件。

不生孩子不知道腰酸肚子疼

比喻只有亲身经历过苦难的生活,才会有深刻的体会。

不识风云事,休在山里行

不能从风云变幻中看出天气的变化,就不要在深山里行走。比喻如果不了解客观形势或人的心理变化,就不能在复杂的社会中做事。

不识庐山真面目

意指认不清事情的真相或本质。

不识路能走千里,不识人寸步难行

指不认识路可以向别人打听,而分不清好人坏人就可能上当受骗。

不是强龙不过江

比喻没有高强的本领就不要承担重任。

不受辛苦,得不到幸福;不讲信用,得不到安宁

指只有经过努力的工作才可以得到幸福的生活;如果不讲诚信,就得不到良心上的安宁。

不挑担子不知重,不走长路不知远

指只有亲自动手去实践才能了解事物的来龙去脉,克服一切困难。

不听好人言,必有恓惶泪

指不虚心听取好心人的意见,就一定会后悔莫及。

不听老人言,必定受饥寒

指如果不听从老年人的经验之谈,就肯定会遭受挫折。

不听老人言,吃亏在眼前

不听老人的话,吃亏的事情马上就会出现在眼前。意谓老人见多识广,他们的话都是经验之谈。

不听忠告,迟早摔倒

指如果不听从别人的忠告,就肯定会遭遇挫折。

不行春风,难得秋雨

指春风和顺,秋雨也就及时。比喻如果不给人好处,就难以从别人那里得到回报。也比喻在人际关系中,没有付出和给予,就很难得到回报。

不行万里路,难见痴心人

指如果不经过长时间的观察,就很难看出一个人是否真心。

不要气,只要记

指无论发生什么事情都不要只会生气,而应该学会吸取其中的经验教训。

不依规矩,不能成方圆

规:画圆的仪器。矩:画直角或方形的曲尺。比喻不按照一定的规矩,就办不成事。

不因渔夫引,怎得见波涛

比喻要想知道事情的根底缘由,或要想见到所想见的人,必须得有合适的中间人介绍。

布施不如还债,修福不如避罪

布施:把钱财等施舍给人。修福:积福。指施舍财物不如先还清债务,修福积德不如先远避罪过。换句话说,积德行善,先要修身养性。

C

才人行短

指才学好但人品不行。

财压奴婢,艺压当行

当行:同行。意谓有钱能使奴婢服帖,技艺高超能折服同行。

采桑不如见少年,力田不如逢丰年

指采桑养蚕的收入不如一个浪荡公子赠送的多,辛勤耕作不如遇上个丰收年的收入多。古时指人的辛勤劳作,不如有一个好的机遇。

彩云易散琉璃脆

天上的云彩容易散去,精制的琉璃容易破碎。意谓美好的事物容易消失或受到损伤。

苍天不负有心人

意谓只要有心并认真地去做好每一件事情,上天一定会成全的。

苍天有眼

旧时认为老天爷能明察善恶,对是非能作出公正的判决。

苍蝇不钻没缝儿的蛋

指蛋本身如果无裂缝,苍蝇便不会钻它。比喻事物本身如果没有缺点,坏人就无法下手使其变坏。换句话说,只有自己立身不正,才会被坏人利用。

槽头买马看母子

在槽头买马,判定马好坏,要先看生这马的母马。比喻要想了解子女的好坏,应先看他们的母亲。

草怕严霜霜怕日

严霜一打,草就枯死,太阳一照,霜就融化。意谓一物降一物。

草入牛口,其命不久

草一旦落入牛嘴,一会儿就会被吃完。意为陷入险境难以长久活命。

草深虫子密,林大鸟儿多

比喻在合适的环境里,某种事物特别容易滋生。也比喻在人集中的地方,什么类型的人都会有。

草字出了格,神仙认不得

意谓写字要符合规范,否则连神仙也认不出来。

察见渊鱼者不祥

能看清深潭中游鱼的人必定会招来灾害。意谓人过于明察反而对自己不利。

拆东墙,补西墙

拆下东墙的砖,补到西墙上去。指为了救急而东借西补。也比喻临时救急,不是根本办法。

柴多入灶塞死火,药量过重吃坏人

柴可以燃烧,可是往灶里填太多的柴就会压灭火;药可以治病,但用量过度反而会使病情加重。指用物要适量。

柴米夫妻,酒肉朋友,盒儿亲戚

柴米:指日常生活中的必需用品。盒儿:盛物的器皿,指相互馈赠的礼物。指不同的人际关系要靠不同的钱物来维持。比喻夫妻之间有柴米就可以相安度日;朋友关系须靠酒肉才能维系；亲戚之间须礼尚往来、相互馈赠，关系才能融洽，才不会被人看不起。此谚语说明不同关系的人，他们之间的人情世故也有所不同。

豺狼性恶，有钱人心狠

旧指有钱人的心像豺狼一样狠毒。

豺狼之声

指豺狼有凶恶的本性。比喻坏人凶恶的本性是不会改变的。

谗言败坏真君子，冷箭射死大丈夫

冷箭：乘人不备暗中射出的箭，比喻暗地里害人的手段。指谗言、冷箭最为恶毒，能毁掉堂堂正正、清清白白的人。

谗言误国，妒妇乱家

谗言：给人出坏主意或说挑拨离间的话。妒妇：嫉妒心极强的妇女。指谗言危害国家，妒妇搅乱家庭。

馋猫改不了吃腥，田鼠改不了打洞

猫的本性是贪吃鱼腥，田鼠的本事是在农田里挖洞偷吃庄稼。意谓邪恶的人本性难改。

馋猫没有不偷嘴的

比喻邪恶的人本性难改。

长存君子道，日久见人心

指长期保持高尚的情操，时间长了，人们就有正确的评价。

长江后浪催前浪，一辈新人赶旧人

指新人替换或超过前人是有规律的。比喻时光在流逝，时代在前进，人物一代代地更换，像江水那样奔涌不绝，这是历史发展的不可违背的规律。

长痛不如短痛

与其长期受痛苦折磨，不如忍受一时剧痛，使痛苦彻底消除。

长线放远鹞儿

鹞：风筝。意谓做事如果能从长计议，往往可以得到更大的收获。

常打鱼总有捞上王八的时候

比喻耐心等待，总会有得手的机会。

常在河边站，哪能不湿鞋

比喻经常做有风险的事情，难免不会碰到危险。也比喻长期在不好的环境中生活，免不了会染上恶习。

常在河边转，不怕水湿脚

意谓已习惯于某种环境，不用害怕其中的危险。

常在河边走，难免打湿鞋

指经常在河边走，习以为常了，就不把溅湿鞋袜当作一回事了。也指常处在某个环境中，免不了要受诱惑。比喻经常出入险恶的境地，就不觉得害怕了。

常在山中走，哪怕虎狼凶

指经常在山中行走的人，就不怕凶猛的虎狼。比喻在险境中过惯了的人，即使遇到意外也不会惊慌失措。

常在水上走,哪得不翻船

意谓常在危险的环境中工作或生活,免不了会出危险的事情。

唱戏还要有个过场

比喻做事情都有个过程,不能过于着急,要循序渐进。

车不横推,理无曲断

意谓歪曲事理就如同横着推车子一样是行不通的。

车动铃铛响

车子走动,车上的铃儿就会跟着响起来。意谓只要有人发动,大家就会跟着响应。

车多碍辙,船多擦边

车多了会阻塞道路,船多了会相互碰撞。意谓人或车物过多反而会引起麻烦和不便。

车快了要翻,马快了要颠

指做事情要稳当,过于求快就会出现失误。

陈谷子,烂芝麻

陈年的谷子,烂掉的芝麻。意谓无用的唠叨或过时的事情。

陈叔宝全无心肝

陈叔宝:南朝陈的亡国之君陈后主。指像陈后主那样不知羞耻的人。

称一称知轻重,量一量知短长

用秤称过,才知道物体的重量;用尺量过,才知道物体的长度。意谓只有通过实践,才能对事物作出合理的、正确的判断。

龇牙的不准吃人,吃人的不露凶相

指面相凶恶的不一定伤害人,真正害人的往往不露声色。告诫人不能只从表面判断人的好坏。

趁水和泥,趁火打铁

趁着有水的时候和泥,趁着火旺的时候打铁。指办事不要错过时机。

趁我十年运,有病早来医

趁我行医顺利的这段时间,有病的人应及早前来就诊,必会手到病除。比喻趁着走运的时机,赶紧把该办的问题解决了。也比喻及早抓住有利时机,将会收到事半功倍的效果。

成立之难如登天,覆败之易如燎毛

指成家立业难得像登天,毁败家业容易得像火烧毛。

成也萧何,败也萧何

汉代大将军韩信的成功和失败都是由于萧何造成的。意谓事情的成败都是由一个人引起的。

诚无垢,思无辱

垢:这里指污点,即不光彩的事情。指以诚待人自身就清白,做事考虑周到就不会遭受耻辱。

诚之所至，金石为开

真心所到的地方，连坚固不化的金石也会洞开。意谓诚意可感化一切。

吃饭不忘种谷人

比喻不应忘记给过自己恩惠的人。

吃饭不忘种谷人，饮水不忘掘井人

指享受别人的劳动成果时，要记得是谁创造了这种成果。也泛指不要忘记有恩于自己的人。

吃饭穿衣量家当

指吃饭穿衣要根据自己的家境而定。比喻做事情要量力而行。

吃饭的不打烧火的

指不要伤害直接服务于自己的人。

吃饭防噎，走路防跌

噎：食物堵住食道。指事事要小心提防，不可疏忽大意。比喻无论做什么事情，都要小心谨慎，以防不测。

吃瓜莫吃蒂，做官莫作卑

瓜蒂是苦的。指地位低的官员就像吃瓜蒂一样吃苦。

吃官饭，打官鼓，官鼓打破有人补

官：公共的、公家的。旧指干公家的事不必认真，事情办坏了，自然有人收拾摊子。

吃过黄连苦，才知蜜糖甜

比喻只有经历过苦难，才会体味到幸福生活的甜蜜。

吃黑饭，护漆柱

比喻吃谁家的饭就得保护谁，为谁做事。

吃酒不进茶房

指准备喝酒的人不到茶房去。比喻干某事就不到干其他事的场所去。

吃了河豚，百物无味

吃过河豚之后，觉得吃什么都没有味道。比喻曾经得到过最好的，对次等的就不再感兴趣。

吃了蒜瓣知道辣

比喻受到了严厉的惩罚后才知道厉害，再也不敢胡作非为。

吃了五谷想六谷

五谷：通常指稻、黍（黄米）、稷（高粱）、麦、菽（豆），统称谷类。指五谷杂粮都吃遍了，还想吃更好的。用来比喻人的欲望是没有尽头的。

吃了五谷想六谷，做了皇帝想登仙

比喻极为贪婪，欲望永远得不到满足。也比喻得寸进尺，贪得无厌。

吃哪庙的饭，撞哪庙的钟

比喻接受谁的钱财，就得给谁办事。

吃人的狮子不露齿

比喻真正厉害的人多不声不响，不暴露自己的意图。

吃人饭,屙狗屎

形容禽兽般的坏人。

吃人家碗半,被人家使唤

指吃了人家的饭,就要受人家的支配。也指吃了人家的酒饭或挣了别人的钱,就要给人家办事,为他人出力。

吃肉的和尚成了佛,守戒的和尚饿得哭

指不守戒规的和尚成了佛,恪守戒规的和尚忍饥挨饿。也指坏人往往得志,好人反而遭殃。

吃软不吃硬

比喻只接受好言好语,不屈服于强硬的压力。

吃虱留大腿

指虱子虽然很小,还要留出它的大腿来。讥讽算计小事的这种行为。

吃屎不知臭

比喻干了坏事自己还不醒悟。

吃柿子单拣软的捏

比喻专门欺负好说话的人。

吃水豆腐都有被噎的时候

比喻办任何事情都会遇到困难和麻烦。

吃乌饭,屙黑屎

指吃的是黑饭,拉的就是黑屎。比喻给谁做事,就得顺着谁的意思办事,贬意。

吃一钳二看三

指嘴里吃着,手里用筷钳着,眼里又在看另外的。形容人贪吃的丑相。

吃鱼也是沾腥气,抓鱼也是沾腥气

指吃鱼、抓鱼同样都会沾上腥气。比喻已经掺和了某种恶事,不如干脆一做到底。

吃着谁,向着谁;恨着谁,打着谁

指吃谁的饭,就得向着谁;恨谁,就想对谁动手。

吃着碗里,看着锅里

形容人贪婪的心态。

痴鼠拖姜,春蚕自缚

意在提醒人们,不要自讨苦吃,不要自找麻烦。

池里的鱼虾晓不得大海大,笼里的鸡鸭晓不得天空宽

比喻不出去广见世面,不外出参观学习,见识就少,思想就得不到解放。

池塘鸳鸯好寻食

指鸳鸯鸟在水中随处都可找到食物。比喻人在有利的环境中容易谋生。

迟是疾,疾是迟

做事情时,等时机成熟后再做,表面上看起来是晚了,实际上是加快了办事的效率;如果时机未成熟就行动,虽然早一步,但实际上却耽误了办事的效率。

尺水翻成一丈波

比喻一些小事经过渲染就能变成大事。

尺有所短,寸有所长

尺与寸相比是长,但与长于它的东西相比则是短;寸与尺相比是短,但与短于它的东西相比则显得长。指长短是相对的。比喻人各有自己的优缺点。

宠婢作管家,钥匙不响手拨刺

拨刺:用手拨动使之发出声音。指受宠的奴婢当了管家,钥匙串不响就特意用手拨动。比喻小人得意就会炫耀自己。

丑丑做夫人

指面貌丑陋的女子往往有做夫人的福分。

丑夫无好妻

指相貌丑陋的男子不会有美丽的妻子。

丑妇家中宝

指丑媳妇多安分守己,少招惹麻烦。

丑事家家有,不犯是好手

指家家都有丑事,没有被人捏住把柄就是高手。也指不光彩的事谁家都有,只是有的张扬出去,有的没有张扬出去。

丑媳妇免不得堂上见公姑

公姑:公公和婆婆。旧时儿媳要侍候公婆,再丑也不能不见公婆面。比喻不论怎样为难,迟早都得出面,不能总是躲着。

臭鱼找烂虾

比喻坏人总是与坏人同流合污。

臭猪头自有烂鼻子闻

比喻坏人自有臭味相投的人赏识。

出得龙潭,又入虎穴

比喻才逃离险境,又陷进了另一个险境。

出笼鸟儿收不回

比喻与人说定的事,无法更改。

出门三步远,又是一层天

意谓每个地方有每个地方的风土人情和生活机遇。

出钱不坐罪

坐罪:判罪。旧指犯法后出了钱就不定罪。也指用钱救助他人无罪可言。

出水才见两腿泥

从水里走出来才能看见腿上的泥。意谓事情不到最后关头不会见出分晓。

出头椽子先烂

椽:椽子,放在檩上架着屋面板和瓦的木条。指出头的椽子由于风吹日晒会先腐烂。比喻出头露面的人往往先碰上麻烦。换句话说,冒尖的人,最容易先遭到不幸;出头露面的人物,会首先成为众矢之的。

锄一恶，长十善

指铲除一个恶人，就是做了十件好事。比喻除掉一个坏人或消灭一桩坏事，更多的好人好事便会涌现出来。

穿破才是衣，到老才是妻

指对任何事情都不要下结论太早，要等事情结束后才可以见出分晓。

穿衣戴帽，各有一好

指人的爱好各不相同。

船帮船，水帮水

意谓自己人应该互相帮助。

船帮水，水帮船

意谓关系密切或利害相关的人应该相互帮助，彼此照应。

船不离舵，客不离货

意谓做买卖的不能没有货物，就像船不能离开舵一样。

船的力量在帆上，人的力量在心上

指力量来自决心，决心大就能克服困难，取得成功。

船靠板凑，人靠人捧

船是靠木板拼凑起来的，人是靠众人吹捧起来的。指人要想有所作为，必须得有人提携、支持、帮助。

船里不走针，瓮里不走鳖

船里不可能漏掉针，瓮里不可能跑了鳖。比喻人在某个地方，即使想跑也跑不到哪儿去。

船漏水入，壶漏内虚

船有漏洞，就会进水；壶有漏洞，就会流光了水。比喻任何遗漏的地方都会导致严重的后果。

船怕没舵，人怕没志

意谓船没有舵就控制不了方向，人没有志气将会一事无成。

船上人多打翻船，田里人多踩死禾

指有时候人多反而会办不好事。

船上有君子，船下君子至

君子：人格高尚的人。指船上有君子，自会有君子前来拜访。也指人才会引进人才。

船随流水鞍随马

比喻人总是跟着社会潮流走。

船头怕鬼，船尾愤贼

坐在船头怕遇见鬼，坐在船尾怕碰到贼。意指人缩首缩脚，不敢做事。

船头坐得稳，不怕浪来颠

在船上只要坐得稳当，即使风浪再大也不用害怕。意谓只要自身没问题，别人说任何闲话都不怕。

船无水不行,事无钱不成

船没有水就不能航行,人没有钱就办不成事。意谓人本事再大,没有必要的条件也不能办事。

船无水难行,鸟无翅难飞

比喻做任何事情都离不开一定的客观条件。

船小好掉头

比喻人少摊子小的集体办事比较灵活。

船小容易翻

比喻弱小的人或事物很难经受外来的冲击。

船有好舵手,不怕浪头高

老舵手拥有对付各种风浪的经验,浪头再高也不怕。意谓有了好领导,就不怕遇到的艰难险阻。

创业难,守业更难

尽管创业很艰难,但要巩固基业比创业更难。

吹牛容易实干难

说大话,唱高调不难,真正要做好就不那么容易了。

春风不入驴耳

指春风再温和,也吹不进驴的耳朵。比喻再好再善意的话,愚蠢的人也是听不进去的。

春梦虽好一场空

梦境虽好但终究是虚无的。

此辈只堪林下见,不宜引入画堂前

此辈:这类人,这里指僧道。画堂:有彩绘的庭堂,泛指人家院落。指僧人道士只能在山林中相见,不适合引进家门。古时指僧人道士进了家门,会招惹是非。

此处不留人,自有留人处

指此处难以相容,自有另处可以存身。比喻这里不受欢迎,但总有愿意收留我的人家。

此一时,彼一时

指时势不同,情况也会随之改变。

从善如登,从恶如崩

从善:做好事。从恶:作恶,依顺邪恶。指做好事,依服正确好比登山一样艰难;跟从邪恶就像山崩一样迅速。比喻做贤德的人很难,要不断地加强自身修养;放纵自己则容易走上歪道。

聪明人常常责备自己,愚蠢人常常责备别人

对待错误,聪明人自责,而愚蠢的人时常责备别人。

聪明者一点就透,愚蠢者棒打不回

指智者和蠢者在领悟事理上差别很大。

粗柳簸箕细柳斗，世上谁见男儿丑

指男子就像粗柳枝编的簸箕和细柳枝编的斗一样，虽有粗细之分但没有美丑之别。也指世上没有丑男子。

寸草遮大风

一寸厚的草房顶，能够遮挡大风。比喻小的事物往往能起大的作用。

D

打不住狐狸惹一身骚

没打着狐狸却被狐狸身上的骚味所熏倒。意谓没有解决问题，反而带来了新的麻烦。

打出来的铁，炼出来的钢

钢铁是经过多次锤炼而成的。意谓人的坚强意志是从实践中磨炼出来的。

打倒金刚赖倒佛

金刚：佛教护法神将。比喻出了事故往领导身上推。也比喻出了事情往主事人身上一推了事。也形容一旦出了问题，让他人来承担责任。

打得一拳去，免得百拳来

意谓先重击一下对方，使他不敢再还手。

打狗得有根棍子

比喻做事得有所准备。

打狗欺主

指惩治了某人，实际上是欺负了他的主人。

打狗要用擒虎力

打狗要使出捉拿老虎的力气。意谓必须用较多的力量去解决某一不大的问题。

打狗也看主人面

打狗要看主人的面子。意谓惩治某人时应考虑到与之相关的人的脸面。

打鼓敲锣，各担一角

比喻各司其职的人相互配合，才能将事情办好。

打光了兔子，养不起鹰；淘干了水沟，留不住鱼

指事物的存在都依附一定的条件。

打虎不成，反被虎伤

没有打死老虎，反而被老虎咬伤。意谓没有消灭坏人，反倒受其伤害。

打九九，不打十足

指做事要留有余地。

打老鼠伤了玉瓶儿

老鼠在器皿间活动，打老鼠时不小心打碎了玉瓶。意谓在攻击对方时伤害到了有价值的好人。

打了骡子惊了马

打骡子时马也受到了惊吓。意谓采取某种惩治行动，使周围的人也受到了惊吓。

打了盆说盆，打了罐说罐

意谓应当就事论事，不能转移话题偏离主题。

打了牙往自己肚里咽

意谓自己吃了苦头又说不出口，只好默默忍受。

打喷嚏是鼻子痒，做梦是心里想

意指任何事情的发生都是有缘有故的。

打破的盆子，摔烂的碗，拣起哪一片也扎手

比喻第一次没有解决好的问题，再去解决就很棘手。

打破砂锅璺(问)到底

砂锅：沙锅，一打破，璺就会从上裂到底。璺：陶瓷或玻璃等器皿上的裂纹，谐"问"。比喻对事情刨根问底，穷究根源，要弄个明白。

打拳卖艺，各人一路

比喻解决问题各有各的办法。

打石看石纹，医病看病根

比喻做事要讲求方式，解决问题要着眼于根本。

打铁先要本身硬，身正影子才不斜

比喻要战胜强敌或困难，必须自身有过硬的本事和行为作风。

打渔总有晒网时

指撒网能打鱼，但总有晒网不能打鱼的时候。比喻平日的积蓄是为了情况紧急时备用。

打鱼人难躲狂风巨浪，打猎人难避虎豹豺狼

指做什么事都需要承担风险。

打肿脸充胖子

本来不胖，把脸打肿后冒充胖子。意谓人爱慕虚荣，死要面子。

大不欺小，壮不欺老

意指年长的不欺侮年幼的，年富力强的不欺侮年老体弱的。

大不正，小不敬

做长辈的为人不正派，小辈人就不会敬重他。

大虫不吃伏肉

比喻真正强大的人不会欺侮没有任何抵抗力的弱者。

大虫吃小虫

比喻强者欺凌弱者。

大船只怕钉眼漏

比喻细小的过错能毁掉大事业。

大从小来，有从无来

指事物都是从无到有，从小到大，一点一点慢慢积累起来的。

大恩不言谢

意谓将他人的大恩大德铭记在心。

大风吹不走月亮

比喻再强大的力量也是有限的。

大风吹倒梧桐树,自有旁人说短长

比喻发生了一件事,总有人议论来议论去的。

大风刮不了多日,亲人恼不了多时

指亲人之间的矛盾很快就会冰释。

大风刮不了多时,大雨下不了多久

比喻强烈的非常状态不会一直存在。

大夫门前过,请他家中坐;即便艺不高,没有用不着

指人有高矮,艺有高下,都有用得着的地方。

大海孩儿脸,一天变三变

指海面像小孩子的脸,变化无常,说变就变。

大海有鱼千万担,不撒渔网打不到鱼

意谓做任何事情,都需要一番实践的努力。

大户凑囤,小户凑顿

有钱人想的是积累财富,穷人想的是能有一顿饭吃。

大家马儿大家骑

意谓大家共同使用的东西个人不能独自占有。

大里不见小里见

只看见小处,看不到大处。意谓人目光短浅。

大路不平众人踩

大路不平坦,大家来踩平。意谓解决问题如果不公正,自会有人站出来主持公道。

大路不平众人踩,情理不合众人抬

指出了不合情理的事,自有众人主持公道,予以评理。

大路不转小路转

比喻事情总会有转机。

大萝卜还用屎浇

意谓高明的人不需要他人来教导。

大屈必有大伸

指遭受过重大屈辱的人一定有施展抱负的机会。

大人不强小人志

指有修养的人不会把自己的意志强加于他人身上。

大人不责小人过

指有修养有地位的人不和下人计较。多用作求人宽恕的用语。

大人物不可一日无权,小人物不可一日无钱

指旧时大人物无权就无所逞其威,小百姓无钱就无法维持生活。

大树不倒，鸟巢自安

比喻只有靠山在，依附者就可以平安无事。

大树底下好乘凉

比喻在长辈或有权势者的庇护下能安全悠闲地生活。

大树砍不倒，小草站不牢

比喻意志坚定的人能经受住种种考验，而意志脆弱的人则不能自强自立。

大厦将倾，非一木可支

大房子要倒塌，不是一根木头能支撑得住的。比喻大势已去，单凭个人力量无法挽回。

大小一个礼，长短一根棍

礼物不论大小始终是一份礼物，棍子不论长短始终是一根棍子。意指送礼不在于轻重，重在表达的那个情义。

大有大的难处，小有小的方便

指管理大小组织或做大小事情或做大人物、小人物都有各自的长处和短处。

大鱼吃小鱼，小鱼吃虾米

比喻社会上弱肉强食的现象。

大灾之后有大疫

指重大的灾害过后，由于环境的恶化，常会出现疫情。

大丈夫能屈能伸

指有作为的人身处逆境能忍辱负重，得志时则能施展抱负。多用于劝导人暂时退让。

大丈夫相机而动

指能有所作为的人瞅准了时机才开始行动。

单蜂酿不成蜜，独龙治不了水

比喻个人力量弱小，难以办成大事。

单者易折，众则难摧

比喻一人单独做事，容易受挫，众人联合行动，就可成功。

担折知柴重

比喻承担过大事，才知道责任的重大。

耽迟不耽错

耽：耽误。意谓做事情宁可放慢速度也不要出意外。

胆量是斗出来的，志气是逼出来的

指人的胆量和志气是在实践中锻炼出来的。

胆小非君子，无毒不丈夫

君子：古时指人格高尚的人。指胆小的人不会成为胆识俱佳的君子，心计不狠的人做不成大事。古时认为成大事的人不能心慈手软。

但存方寸地，留与子孙耕

方寸：指人的心。指把正直的良心传给下一代，比留给子孙万顷良田都好。也指为人心地宽厚善良，有利于子孙后代。

但得方便地，何处不为人

只要有一点条件或可能，就要尽自己最大努力地给他人提供方便。

但得一片橘皮吃，莫便忘了洞庭湖

洞庭湖：在今湖南省，以盛产蜜橘出名。比喻受到别人一点恩惠也不应忘记。

但知行好事，莫要问前程

意谓只做对他人有好处的事，不考虑个人的功名利禄。

当搏牛虻，不当破虮虱

意谓办事应从大处着手，不要为小事斤斤计较。

当差的，官面上看气；行船的，看风势使篷

指每一行当的人都有每一行当的做事经验。

当地蝼蛄当地拱

蝼蛄：昆虫，善掘土，吃农作物嫩茎。比喻坏人一般都在本地做坏事。

当家才知柴米价，养儿方晓父母恩

当家：管家。指只有掌管家中的事务，才知道柴米的价钱；自己生儿育女，才能体会到父母的养育之恩。比喻没有生活实践，对生活就不会有深切的体会。

当局者迷，旁观者清

下棋的人往往认识模糊，不及局外人头脑清醒。指当事人往往看不清问题的实质，局外人却看得清楚。

当面是人，背后是鬼

形容人的两面派行为。

当面笑呵呵，背后毒蛇窝

形容人面慈心毒。

当取不取，过后莫悔

意思是自己的东西就要努力争取到，错过了就要后悔。

当世做人当世现

旧时认为一个人行善还是作恶，今世就会有报应，不用等到来世。

刀钝，石上磨；人钝，世上磨

指人的聪明才智是在实践劳动中锻炼出来的。

刀快要加钢，马壮要料强

比喻要想有好的结果，就得舍得投资。

刀伤好治，舌伤难医

意谓恶语中伤导致的伤害是很难弥补过来的。

刀子嘴，豆腐心

嘴像刀子一样厉害，心却像豆腐一样软。意谓人说话尖刻而心地善良。

到哪河，脱哪鞋

比喻到一个地方，就要依照当地的风俗办事。

道不同不相为谋

指观念、主张不一致的人不会相互交流谋划。也指思想观点完全不同的人无法一起共事。

稻多打出米来,人多讲出理来

人多讲出来的道理就多,就好比稻谷多打出来的米就多一样。

得放手时须放手

该放手的时候便放手。意谓对于某些事情不要太固执或过于认真。

得理让三分

指待人要宽厚,即便自己有理也要宽容他人。

得了金马驹,还想要它娘

形容人没有满足的时候。

得趣便抽身

得到了好处应该立马抽身。意谓见好就收。

得饶人处且饶人

应该宽恕别人的时候姑且宽恕别人。意谓不要抓住别人的短处、缺点不放。

得人点滴之恩,当以涌泉相报

涌泉:涌出的泉水,极言丰盛。指得到他人恩惠,要给他人十倍百倍的回报。

得人好处千年记,得人花戴万年香

指受到他人的恩惠,得到他人的赏识,应当永生铭记。

得人一牛,还人一马

比喻受人恩惠,要还以重报。

得胜的猫儿欢似虎

得到胜利的猫高兴得跟老虎似的。意谓小人得志,不可一世。

得胜狸猫强似虎,及时鸦鹊便欺雕

比喻小人得志不可一世,君子落难无比可怜。

得他心肯日,是我运通时

指一方的命运取决于另一方。只要另一方心甘情愿承担责任,这一方也就运气亨通了。

得屋子想炕,有了炕想老婆

炕:北方农家睡的用土坯与砖砌成的长方台,冬天可以在下面烧柴取暖。老婆:妻子的俗称。指人的欲望是无止境的,常常得寸进尺。

得一望十,得十望百

形容极为贪婪。比喻非常贪婪,有了还不满足,胃口越来越大,没有止境。

得意不可再往

指曾经得到过好处或到过想去的地方,不能再去。

得意之事,不可再做;得便宜处,不可再往

称心如意的事情,不可一做再做;得了便宜的地方,不可一去再去。旧指凡事要见好就收,不要贪心不足。

得志猫儿雄似虎，败翎鹦鹉不如鸡

翎：美丽的羽毛。指得意的猫比老虎还气壮，翎毛败落的鹦鹉比不上鸡。也指狸猫占了上风时，比猛虎还要神气；鹦鹉落了翎毛时，比草鸡还要可怜。比喻小人得志时不可一世，君子落魄时冷落无比。

得罪十个君子，不得罪一个小人

指小人挟嫌报复，暗箭中伤，不可得罪。

灯不亮要人剔，人不明要人提

意谓人糊涂时得有人提醒他一下，就好比油灯不亮时得有人剔一下灯芯一样。

灯草拐扶不起人

用灯草做成的拐棍扶不起人。比喻人自身力量太弱，难以支持、帮助别人。

登高必跌重

爬得越高，摔下来跌得越重。比喻权势越大或财富越多，一旦破败，下场越悲惨。

低头拉车，抬头看路

意谓做事要实实在在，认准目标。

滴水之恩，不忘涌泉相报

滴水：一滴水，极言其少。涌泉：涌出的泉水，比喻非常丰盛，也指非常多。指受了别人的恩惠，要记得用十倍、百倍的好处去报答。

点起一盏灯，亮了一屋人

意谓传播一条真理，能使众人心明眼亮。

店房有个主人，庙里有个住持

比喻无论在哪儿都有个主人管理着一切。

吊桶落在井里

比喻受他人制约，听他人摆布。

爹死娘嫁人，个人顾个人

指每个人只顾自己。比喻无依无靠，管不了那么多了，只能是自己管自己。

跌了跤会认路，碰了头会知物

意谓经受挫折和失败，能让人总结经验、弄清道理并变得聪明。

顶门上一针

针灸时自脑门所下的一针。意谓击中要害而能使人警醒的言论或举动。

顶着鹅毛不知轻，压着磨盘不知重

意指人不知轻重好歹，不分是非曲直。

丢了黄金抱碌砖

比喻取劣舍优。

丢下钯儿弄扫帚

形容十分忙碌，事情多得干不完。

东到吃羊头，西到吃猪头

形容贪吃的人到处谋食。

东方不亮西方亮

指这个行不通还有别的可以回旋的余地。

东方不亮西方亮,黑了南方有北方

比喻此处行不通,可以到别的地方去。也比喻此处损失了,可以在另外的地方弥补过来。换句话说,任何事情都有回旋的余地。

东风压倒西风

意谓一方势力大,压倒另一方。

东河里没水西河里走

东边的河里没水就到西边的河里去。意指总有解决问题的办法。

东山的老虎吃人,西山的老虎也吃人

意谓坏人的本质都是一样的,就同天下的老虎都吃人是一个道理。

东山日头一大堆

太阳还在东边的山上。意谓来日方长。

冬不可以废葛,夏不可以废裘

葛:用葛麻纤维织成的布,用作夏季衣物。裘:毛皮衣服。指冬天不能丢掉夏天穿的葛布衣,夏天不能丢掉冬天穿的裘衣。比喻做事要考虑周全,不可只顾眼前。也比喻做任何事,都应防备在先,以备不测。

冬瓜推在葫芦账上

把买冬瓜的钱记在买葫芦的账上。意谓账目混乱或把责任推在不相关的人身上。

冬练三九,夏练三伏

三九:冬至节后第三个九天,是一年中最冷的时候。三伏:夏至节后的头伏、二伏、三伏,是一年之中最热的时候。指做任何事情都要刻苦要有付出。比喻习武练功,要不避寒暑,越是艰苦越要锻炼,要天天坚持,只有这样,身体才能强壮。

斗笠再大,也遮不住天

斗笠:用竹篾编制的遮阳光和雨的帽子。比喻地位低下、力量微弱的人,没有办法和主宰自己命运的权势相抗争。

豆腐掉在灰窝里

比喻既成事实,无法挽回。

毒蛇口中吐莲花

指毒蛇嘴里吐出好看的莲花。比喻阴险毒辣的坏人用好听的言语伪装自己。也比喻恶毒的坏人,常用甜言蜜语迷惑人,骗人上当。

独虎好擒,众怒难犯

可以擒拿一只老虎,不可引发众人的愤怒。指众人的心愿不可违背。

独木不能支大厦

一根木头支撑不了高大的房子。比喻个体力量有限,不足以维持大局。

独拳难打虎

意谓依靠一个人的力量难以办成大事。

蠹众而木折,隙大而墙坏

蠹虫多了,能把木头蛀断;缝隙大了,能使墙壁倒塌。比喻微小的害处不及时治理的话,会造成严重的后果。

多大的云下多大的雨

比喻对待问题要实事求是,不夸大也不缩小。也比喻做事要量力而行,有多大的能力干多大的事。

多个人,多个胆

指人多力量大、胆子也壮。

多个香炉多个鬼

古时认为多烧一炉香就会多出一个鬼来。意谓多一件事情就多一些问题。

多事有事,省事无事

多做事有麻烦,少做事就没麻烦。意谓多一事不如少一事。

多行不义必自毙

不义:不合乎正义。毙:倒下。指不义之事做多了必定是自己害自己。

多虚不如少实,广种不如狭收

指不可贪多,要务实。

多言众所忌

意指说话太多会遭众人嫌弃。

多一事不如少一事

指凡事以少为好,能不管、不做的事情尽量不管不做。此为旧时的一种处世哲学。

多一事不如省一事

指少做事就少有麻烦。比喻事情多了操心,而且还会有麻烦,不如事少省心,责任也小。

E

蛾眉本是蝉娟刀,杀尽风流世上人

蛾眉:本作娥眉,形容美人的眉毛细而弯,代指美人。蝉娟:形容女子姿态婉约。指贪恋女色容易招致杀身之祸。

蛾眉不肯让人

指美人往往相互嫉妒,互不相让。

恶人先告状

指做了坏事却抢先无中生有地控告他人。比喻恶人为了推脱掉自己的罪责,常常会抢先告发受害者,企图转嫁罪责给他人。

恶人自有恶报

常用来指作恶多端的人终究会自食恶果,得到报应。

恶人自有恶人磨

磨:折磨。恶人磨:用恶人来惩治恶人。指作恶多必遭报应。换句话说,恶人会有更恶的人来惩治,做坏事的人自然会遭到恶报应。

恶蛇不咬善人

旧时人们认为,毒蛇不伤害做善事的人。比喻要多行善积德。

饿出来的见识,穷出来的聪明

指穷困的生活能磨炼人,使人增长聪明才干。比喻逆境能使人长见识。也比喻挨饿、贫困迫使人为生存而斗争,使人得到磨炼,增长见识,变得聪明。

饿死事极小,失节事极大

指因为贫困而饿死是小事,女子失去节操才是大事。又指即使无所依靠而被活活饿死,也不能再嫁他人失去节操。这是古时反对女子改嫁的封建说教。

饿则思饱,冷则思暖,病则思健,穷则思变

肚子饿了想吃饱饭,身子冷了想着取暖,有了病希望健康,处于困境之中就设法改变。

恩不放债

指给人以恩惠的人,与放高利贷不同,不应该要求他人偿还。

恩多成怨

指恩爱过深或施恩过多,反而会导致怨恨。

恩将恩报,仇将仇报

指用恩德来报答恩德,用仇恨来报复仇恨。

恩义广施,人生何处不相逢;冤仇莫结,路逢狭处难回避

指人与人总要见面相逢,应多施恩义,少结冤仇。

儿不忘娘,物不忘本

指母亲的生养之恩,儿女是不会忘记的。

儿要自养,谷要自种

指自己生育抚养大的儿子才亲,自己耕种的粮食吃起来才香。也比喻好主意要靠自己想出来。

儿作的儿当,爷作的爷当

指谁做的事情,就由谁来承担责任、后果。

耳听千遍,不如手过一遍

指听别人讲很多次,也不如自己亲自动手操作一次有效果。

耳听为虚,眼见为实

听别人说的总是虚的,亲眼看见才是实的。意谓不要轻信别人的话。

耳闻不如目睹,目睹不如身受

耳朵听到的比不上眼睛看到的真实可靠,眼睛看到的又比不上亲身体会的更加真实深刻。

F

法不传六耳

六耳:指三人。指秘密的事情只有两个人知道,不可以传给第三者。

凡事回头看

意指每做完一件事都应该思考总结一下。

凡事开头难

意谓做事情刚开始的时候总是问题多、难度比较大。

凡事要从小处着手

指做任何事都要从小处入手，逐渐推进。

凡事要好，须问三老

指要想把事做好，就得多多向有经验、有德行的老人请教。

凡事豫则立，不豫则废

意谓做任何事情，事先谋虑准备充分就会成功，否则就要失败。

烦恼皆因强出头

烦恼是因为爱多管闲事才招致的。意谓多管闲事烦恼就会多。

防君子不防小人

指任何规章制度和防范措施，都无法使那些投机取巧的小人自觉遵守。

房檐滴水不成河

房檐上有限的水滴汇不成河流。比喻没有依据的闲言碎语不用担心它。

放下屠刀，立地成佛

佛：佛教修行圆满的人。原为佛家用语，劝人改恶从善。也指放下手里的屠刀后，就能成佛。比喻干过坏事的人，只要悔改，弃旧图新，就能成为好人。

放鹰就不怕鹰展翅

既然敢放鹰，就不担心鹰会展翅高飞。意谓既然敢于去做就有相当的把握。

放着鹅毛不知轻，顶着磨子不知重

不知道鹅毛分量很轻，不知道磨盘分量很重。意谓不知轻重好歹。

放着一星火，能烧万顷山

留下一点火星，就足以烧掉万顷山林。比喻有生命力的东西会迅速发展强大起来。也比喻极小的错误可能导致极大的灾难。

飞得高，跌得重

飞得越高，如果摔下来的话就会伤得越重。意谓谋取官位或钱财时，越是贪婪，一旦出事，遭受的损失、祸害也就越加惨重。

飞得不高，跌得不重

飞得不高，即使摔在地上也摔得不重。意谓没多大本事，期望值不高，即使失败了损失也不会太大。

飞鸟尽，良弓藏；狡兔死，走狗烹

指高飞的鸟射完时，良弓就收藏起来；狡猾的野兔捕尽时，猎狗就被烹杀了。古时比喻功业一旦创成，功臣良将就要遭到迫害。

飞鸟择林而栖，良马择主而行

鸟会选择适合自己的林木栖息，骏马会选择主人驰骋。

非针不引线，无水不渡船

没有针就不能引线，离开水就不能渡船。比喻没有特定的必要条件，就办不成事情。

分辨人的好坏看言行，分辨马的优劣听声音

根据言行能分辨人的好坏，就像根据叫声能分辨马的优劣一样。

分银子都会有人骂

即使是像分银子那样的好事也有人会不愿意。指无论什么事情都不可能满足每一个人的意愿。

粉刷的乌鸦白不久

比喻伪装不可能持久，迟早会暴露出真相。

风不来，树不动；船不摇，水不浑

比喻事情的发生都是有一定原因的。

风潮过了世界在

风浪过后一切又恢复平静。意谓历经混乱之后一切依然如故。

风吹鸡蛋壳，财去人安乐

意指失去钱财后人的生活反而会如同风吹鸡蛋壳那样轻松。

风吹连檐瓦，雨打出头椽

比喻突出、冒尖的人往往首先容易遭受攻击。

风高放火，月黑杀人

一般用来指强盗打家劫舍的行为。即趁风高放火，趁黑夜杀人。也指利用合适的条件做坏事。比喻坏人一旦有机会就要兴风作浪。

风急雨至，人急智生

风刮得急了，雨就会到来；人到了危急时刻常常会想出应急的策略。

风流茶说合，酒是色媒人

意谓饮茶喝酒常常是产生风流韵事的媒介。

风是雨的头

刮风就预示着会下雨。常比喻迹象已经显露，大事即将发生。

蜂背虽花不称虎，蜗虽有角不是牛

比喻外表相似的事物，在本质上还是有区别的。

蜂刺入怀，解衣去赶

蜜蜂钻到怀里，要脱下衣服赶紧驱赶。意谓坏事来临时，要抓紧时间摆脱。

逢庙就得上供，见寺就得烧香

指遇上有利害关系的人，只能送礼。

逢强者智取，逢弱者力敌

指对手不同，应付的手段也有所改变。

逢山开路，遇水搭桥

意谓克服各种困难，一往无前。

凤不离窠，龙不离窝

窠：鸟兽等的窝。凤、龙：古代传说中的鸟、兽之王，一般不会轻易离开栖息的地方。指不可离开自己居住的地方。比喻皇帝不能随便远离京城。换句话说，尊贵的人不会随便离开自己养尊处优的生活场所。

凤凰落架不如鸡

比喻失去权势和地位的人，由于没有了各种优越条件，他的境遇还比不上普通的老百姓。

凤有凤巢，鸡有鸡窝

比喻各类不同层次的人，总是分别聚集在一起。

佛高一尺，魔高一丈

佛：指佛法。魔：指魔法。原为佛家告诫修行者，要警惕外界诱惑。后谓一方势力（多指正义的）增长，与之相对应的另一方势力（多指非正义的）就会加倍增长。

佛面上刮金

比喻不择手段地搜刮钱财。换句话说，为了搜括钱财，不管对象，不择手段，无所不为。

夫妻同床，心隔千里

指夫妻同床共枕，思想却相距很远。喻指夫妻之间人心难测。

弗出赵皮弗出面

比喻什么也没见到。

伏虎容易捉虎难

驯服老虎不难，但要捉到老虎却相当困难。意谓惩办恶人容易，缉拿恶人不易。

福在丑人边

旧指相貌丑陋的人有福气。

斧快不怕木材硬

只要斧头锋利，再硬的木头也可以劈开。比喻只要采取的措施得当，再不好办的事情也能办到。

辅车相依，唇亡齿寒

辅与车相互依赖，嘴唇没有了，牙齿就感到寒冷。比喻关系密切者，利害相关，相互依存。

父母恩比天大

指父母对儿女的恩情深厚。

妇人以泣市爱，小人以泣售奸

古时指妇人借泪水换取宠爱，小人借泪水施展奸计。

缚虎则易，纵虎则难

比喻厉害的对手要捉住他不难，捉住后再放就不容易了，因为弄不好的话他会变本加厉地报复。

蝮蛇口中草，蝎子尾后针；两般犹未毒，最毒负心人

指背信弃义、恩将仇报的人比蛇蝎还狠毒。

覆巢之下无完卵

鸟窝倒翻下来，不可能有完好的鸟蛋。比喻整体覆灭了，个体也不可能幸免灾害。

覆盆不照太阳晖

翻转过来的盆子里照不到阳光。意谓黑暗统治下的冤案特别多，且得不到昭雪。

覆水不可收

泼出去的水，很难再收回来。意谓事情的发展大势已定，不可挽回。

G

该急不急，易失战机；该缓不缓，难以精算

意谓不论做什么事情都要分清轻重缓急，该抓紧的时候就得抓紧，避免坐失良机，该放松的时候就放松，不要太过急躁。

干打雷，不下雨

原指小孩号哭而不见眼泪。现用指光有语言而不见付诸于实际的行动。也指嘴上喊得响的人，不见得行动跟得上。比喻只会说漂亮话的人，往往拿不出真本领。

干姜湿枣，越老越好

比喻人年龄越大，待人处事的经验就越多。

干土打不成高墙，没钱盖不起瓦房

指缺乏必要的条件就做不成事。

干着指挥有威信，坐着指挥话不灵

指要想带动别人，必须用自己的行为树立典范。

甘瓜苦蒂，物无全美

瓜瓤甜，但瓜蒂却是苦的。意谓事物没有十全十美的。

甘蔗老来甜，辣椒老来红

比喻老年人经历多，思想更成熟。

甘蔗没有两头甜

甘蔗茎的上端不甜，越到根部越甜。比喻任何事情不可能十全十美。

赶上城里的，就误了乡里的

比喻事情不能做到两全其美。

赶十五不如赶初一

意谓办事情应尽量赶早不赶晚，不要拖延。

钢再贵，也比不上金子；头发再粗，也比不过大腿

比喻两者相差悬殊，不可相提并论。

高灯只照远亮

指灯挂高了只能照远处，不能照近处。比喻人往往只看到别人的缺点和不足而看不到自己的缺陷。

高飞之鸟死于美食，深泉之鱼死于芳饵

饵：钓鱼时引鱼上钩的食物。指鸟、鱼都是因为食物而丧生。比喻人的失败，经常是因为贪图眼前的便宜。

高人施恩不望报

指行侠仗义的人帮助别人并不希望得到回报。

高山出俊鸟

指山高会有俊美的鸟。比喻偏远的山区会有杰出的人才或美好的事物。

高山有好水,平地有好花

比喻小地方也会有出色的人物。

高山再高也有顶,长河再长也有源

山再高也有顶峰,河再长也有源头。指任何事物都有止境,只要努力,就能达到目的。比喻人的技艺再高超也有个限度。

胳膊扭不过大腿去

比喻弱者较量不过强者。

割鸡焉用牛刀

焉:怎能。指杀鸡没有必要用牛刀。比喻不必小题大作或大材小用。

隔年的皇历不管用

比喻过时的东西就不管用了。

隔年的衣裳隔夜饭

比喻已经过去的事情就不用再提起了。

隔山不算远,隔河不算近

隔着一座山虽然很远,但仍可以翻过山去;隔着一条河虽然可以隔河相望,但是没有舟、桥的话也走不到对面。意谓古时交通闭塞,隔河比隔山更不便利。

隔山跑死马

指两座山看起来很近,走起来却相当遥远。

隔行不隔理

意谓行业虽然不同,但其中的道理是相同相通的。

隔行如隔山

不同行业之间相互不了解,就好比隔着一座山一样。意指某一行业的人不熟悉另一行业的情况。

各处各乡俗,一处一规矩

意谓各地有各地的风俗习惯。

各敲各的磬,各行各的令

磬:古乐器。指各自发布各自的命令,既没法合作也不能统一。

各人冷暖,各人自知

指每个人自己的冷暖,自己知道得很清楚。也指对于自己的情况,每个人自己最清楚。

各人自扫门前雪,莫管他家瓦上霜

莫:不要。意思是人们各人只管各自的事,不要过问他人的事,免得招惹是非。这是一种消极的处世哲学。

各师父各传授,各把戏各变手

一个师父有一个师父的教法,就如不同的把戏有不同的变法。

给个棒槌认作针

棒槌:指在河里洗衣用的木棒。针:与“真”谐音。比喻心肠直率、坦诚实在的人,经常容易受骗上当。也比喻没有见识。

根深不剪,尾大难摇

意谓局部势力太大了,会影响整体的生存。

根深不怕风摇动,树正何愁月影斜

意谓只要自己行为正派就不怕闲言碎语,就像大树的根基扎得牢就经得住外力的干扰一样。

根深才会叶茂

指树根扎得深,叶子才会茂盛。比喻有了好的基础,才会取得好的成绩。

根深叶茂,本固枝荣

树根扎得深,叶子才茂盛;树干长得坚固,枝叶才繁茂。意谓只有基础扎实,才会有大的成就。

根子不正秧必歪

根不正长出来的苗肯定不会直。意谓思想错误行为就不可能正确,或长辈作风不正派就教育不出好的后代。

耕地看牛角,赶车看车辙

比喻在看问题时要把眼光放长远,不能只看眼皮底下。

耕牛为主遭鞭打

比喻好心待人,反被人咬。

工多出巧艺

意谓工夫花费得多,技艺自然精湛。

工欲善其事,必先利其器

工匠要想干好活儿,就必须先把工具准备好。意谓要想办好事情必须先作好充分准备。

弓是弯的,理是直的

指凡事都应讲理,把道理讲清楚了,别人就会接受。

公门里好修行

公门:旧的称谓,即衙门。修行:做善事。古时衙门里大多数官吏贪赃枉法,坑害人,如果在衙门里能存心公正,就能做对老百姓有利的好事。

公人见钱,如蝇子见血

公人:旧时衙门的吏役。形容吏役贪婪成性。

公说公有理,婆说婆有理

比喻各执己见。也比喻有些事情不好判断谁对谁错。

公众马,公众骑

比喻公众的东西可以供大家使用。

功名富贵草头露，骨肉团圆锦上花

指功名富贵就像草尖上的露水一样不会持久，而亲人团聚就好像锦上添花一样美好。也指功名富贵微不足惜，家庭团圆才是最值得珍惜的。

狗逼急了跳墙，马逼急了趵蹄

狗在急的时候会跳墙逃跑，马在紧急情况下会踢人。意指人一旦被逼急了，什么事都敢做。

狗不叫，不被打；人不语，不遭殃

指人闭口不言可以免遭祸殃。

狗不嫌家贫，人不嫌地薄

意谓眷恋家乡是人之常情，就像狗不嫌弃主人家贫穷一样。

狗不咬君子

指狗不咬衣冠楚楚有地位的人。

狗长尾巴尖儿的好日子

传说小狗在母狗肚子里，尾巴尖儿长满了就会生下来。常常用来戏称别人的生日。

狗肚里藏不住热脂油

脂油：板油。比喻知识浅薄、修养差的人，肚子里藏不住刚刚知道的事情。

狗改不了吃屎

狗改不了吃屎的本性。意谓坏人改变不了其作恶的本性。

狗急跳墙，人急造反

狗在紧急的情况下会跳墙逃跑，人被逼得无路可走时，就会拼命反抗。

狗揽三堆屎

比喻贪心的人总想多吃多占。

狗肉滚三滚，神仙站不稳

指狗肉味美，连神仙也想吃。比喻抵挡不住吃喝的诱惑。换句话说，吃喝等物质有很大的诱惑力，人们很难抵挡得住，容易受腐蚀干扰，被拉下水。

狗屎糊不上墙，稗谷磨不出糠

稗谷：稗子，稻田害草，果实像黍米。比喻坏人说不出好话，做不出好事。也比喻一个人如果在本质上已经到了不堪造就或不可救药的地步，也就无法教育帮助了。

狗行千里吃屎，狼走千里吃肉

比喻坏人和恶人的本性是改变不了的。

狗熊嘴大啃地瓜，麻雀嘴小啄芝麻

比喻人可以根据自身的条件发挥出各自不同的作用。

狗眼看人低

指狗的眼睛总是从低处看人。比喻小人势利，瞧不起普通人。换句话说，势利小人总是轻视、欺负无钱无势的人。

狗咬吕洞宾，不识好人心

吕洞宾：传说中八仙之一。意谓好心人的好意被误解。

狗走千里吃屎，狼走千里吃人

狗走到哪里都改不了吃屎的本性，狼走到哪里也改不了吃人的本性。意谓坏人无论走到什么地方，都改变不了做坏事的本性。

狗嘴里吐不出象牙

比喻坏人或不正经的人嘴里说不出好话来。

孤树不成林，单丝不成线

比喻个人的力量有限，是办不成大事的。

孤掌难鸣，独木难支

指一个手掌拍不响，一根木头难以支撑大厦。比喻凭个人力量难以办成大事。

古今一个理，兄妹手足情

指兄妹感情深厚，从古到今都是一个道理。

汩水淖泥，破家妒妇

汩：水流的样子。淖泥：烂泥。指烂泥能使水变浑浊，嫉妒的妻子会导致家庭破败。

谷怕午时风，人怕老来穷

指谷子生长怕中午刮风，人最怕老了受穷。

牯老实挨打，人老实受欺

牯：牯牛，即公牛。指人太老实就会遭人欺侮。

牯牛身上拔根毫毛

比喻数量小得不值一提。

鼓不敲不响，钟不撞不鸣

比喻心里有话说不出来，别人就明白不了。

鼓要打到点上，笛要吹到眼上

比喻说话办事要切中要害，才会收到好的效果。

瓜熟蒂落，水到渠成

瓜熟了，蒂自然就会脱落；水流到了，渠道自然也就建成了。意谓条件或时机成熟，事情自然而然就会成功。

瓜熟自落蒂，水到自成川

指瓜果熟了，瓜蒂就自动掉了；大水流到了，自然就流成河。比喻条件、时机成熟，事情自然而然就成功了。

瓜田不纳履，李下不整冠

在瓜地里不弯腰穿鞋，在李子树下不抬手整理帽子。比喻做事要尽力避免引起嫌疑。

寡不敌众，弱不敌强

人少的抵挡不住人多的，实力弱的抵挡不住实力强的。

挂羊头，卖狗肉

店门口挂的是羊头，店里卖的却是狗肉。意谓用好的名义做借口，实际上名不副实或做坏事。

拐人不拐财，拐财不拐人

指拐骗了人不能拐骗钱财，拐骗了钱财不能把人也骗走。也指坏事不可做尽。

关门打鼓，鼓声在外

即使是关起门来敲鼓，鼓声也会传出去。意谓即使是暗地里做事，也会很快被人知道的。

关门养虎，虎大伤人

指如果把门关起来饲养老虎，等老虎大了就会伤害它的主人。比喻袒护恶人，常常是等于自留后患。

观其外，知其内

指看一个人的表情举止就能了解这个人的内心活动。

观其眼，知其胆

指观察一个人的眼神就可以知道这个人胆量如何。

官不离印，货不离身

指官员不可没有官印，商人不可没有货物。也指重要的东西必须随身携带。提醒人们不能让重要的东西脱离自身。

官差不自由

指替公家做事没有个人自由。换句话说，公家委派做事，不能由个人做主，不能以自己的主观意志为转移。

官大有险，树大招风，权大生谤

指地位高了，权势大了，容易招来是非，所以更要提高警惕，小心做事。

官房漏，官马瘦，官众堂屋鸡屎臭

官房：指公家的房屋。官马：指公家的马。官众堂屋：指公众用的厅堂。讽喻旧时在社会上公共利益无人关心的坏现象。

官司凭印信，私凭票约

官场往来，凭的是公函印章，民间行事，凭的是票据契约。指无论什么事都得有凭据。

官向官，民向民，和尚向的是出家人

古时指官吏之间经常是相互关照。平民百姓常常就向着平民百姓，出家人常常是站在出家人一边。比喻处境、地位或志趣相同的人相互关照，相互偏袒。

管中窥豹，但见一斑

通过竹管子的小孔来看豹子，只看到豹身上的一块斑纹。比喻只看到事物的一小部分。也指从观察到的部分，可以推测它的全貌。

光棍回头饿死狗

光棍：指流氓、地痞。喻指流氓、地痞等坏人改邪归正十分难得。

光说不算，做出再看

口头上说的不算数，要做出来才能算数。

光头光脑不都是和尚，发光闪亮不一定是黄金

比喻不要被事物的表面现象所迷惑，要认清本质。

鬼怪爱欺软骨头，钢铁好汉鬼见愁

指要敢于与恶势力作斗争，你强他就弱，你弱他就强。

鬼火不敢见真义

比喻不怀好意的人不愿意见到正直的人。

鬼怕恶人

比喻凶恶的人害怕比自己更恶的人。

贵不忘贱，新不忘旧

指富贵时要想起贫贱时的处境，有了新的不要忘记旧的。

贵人不记小人错

指有地位的人不计较一般人的过失。

贵易交，富易妻

指地位一显贵就立刻抛弃老朋友，钱一多就马上另结新欢。

锅里无米白填柴

锅里没有米，即使填柴也是白搭。比喻缺乏了关键的东西，一切努力都是没有用的。

锅里有米，碗里有饭

意谓只有集体富有了，个人才能富起来。

国政易，家政难

指处理好家庭事务，比处理好国家政务还难。

果蓏失地则不荣，鱼龙失水则不神

蓏：瓜类植物的果实。荣：繁荣，茂盛。神：神通，神灵。指瓜果离开了土地就不会生长，鱼龙离开了水就失去灵性。比喻有才华的人如果没有借以发挥作用的条件就会没有任何作为。

过河丢拐棍，病好打太医

比喻达到了目标后就同帮助过自己的人反目成仇。

过后思君子，无毒不丈夫

指事情过去之后才想念好人，该干的时候不下定决心去干就不是大丈夫。

过头饭儿难吃，过头话儿难讲

指凡事要掌握好分寸，不要做过了头。

H

蛤蟆跳几下也要歇一歇

比喻做事要劳逸结合，一张一弛。

孩儿的生日即是娘的难日

指孩子出生时，母亲备受苦难。也指人世最深厚的是母亲生育之恩。

孩子长成人，转眼一瞬间

指孩子长大成人很快。

海不可斗量，人不可貌相

不能仅凭相貌判断一个人究竟如何，就像不能用斗来量海水一样。劝诫人不要以貌取人,要注重内在素质。

海枯终见底,人死不知心

大海再深只要海水干涸了就可以见到底,但人直到死去了还不能猜透他的心思。意谓人心难测。

海阔凭鱼跃,天高任鸟飞

比喻在广阔的天地里,人们可以自由地施展才能。

海里无鱼虾称霸

比喻在没有强者的条件下,弱者也能够称霸一方。

海上无风三尺浪

指海面上从未平静过。常比喻一切事物都在发展变化。

海水不可量,人心不可测

指人的心思不容易揣测,就如同海水的容积难以确定一样。

害人先害己

陷害别人,往往先害了自己。指恶有恶报。

害人之心不可有,防人之心不可无

指不可故意害人,但要防备他人伤害自己。换句话说,做人不可有害人的想法,但提防别人来伤害自己的警惕性不能没有,以免上当吃亏。

害人终害己,报应最公平

指损害他人最终的结果是损害自己。也指没有根据地加害于他人,最终会因真相大白而受到应有的惩罚,也相当于是害了自己。

旱灾过后珍惜水,荒年到头喜见粮

指东西到了缺少时才显得珍贵。也指经历过苦难,才会珍惜幸福生活。

蒿草再高也成不了树

指事物的本质属性决定了事物的发展规律。常比喻人的素质不高,不可能大有作为。

好吃屎的闻见屁也香

好:喜爱。指对丑恶事物感兴趣的人,时时不忘对丑恶事物的追求。

好处着手,坏处着想

指人们做事情要朝着好的方向去努力,也要事先预计到一些不尽人意的方面。

好饭不怕晚

比喻只要有更大的收获,就不会计较时间的推迟。

好狗不挡路

比喻知趣的人不阻碍他人的前进。也比喻好人不去阻挡他人的前途。

好狗不拦路,癞狗当路坐

指好的狗不会阻拦人的去路,只有癞皮狗才会在路当中招人讨厌。比喻好人不会去阻挡别人的前程。

好汉不吃眼前亏

好汉:此处指勇敢坚强的聪明人。指聪明人在处境不利的时候会采取退让的态度。换句话说，聪明人要审时度势，在处于劣势的时候，宁愿暂时退步，不跟人计较，事后再另谋对策。

好汉难打三面鼓

指再能干也无法同时应付多方面的事情。

好汉生在嘴上，好马生在腿上

好汉全因为能说会道，好马全因为腿能跑。

好汉天下有好汉，英雄背后有英雄

指本领高强的人之上还有更为高强的人。

好花不常开，好景不长在

指好的光景一般不能维持长久。

好记性弗如烂笔头

记性再好，也有记不住的时候，不如拿笔记下来可靠。意谓应勤于用笔记录需要记住的东西，以免忘记。

好借好还，再借不难

完整地借别人的东西，就要按时完整地把东西还回去，以后再向他人借东西就不会遇到困难。意谓借别人东西要按时归还。

好借债，穷得快

喜好向人借债，只能穷得更快。劝诫人尽可能不要借债。

好酒说不酸，酸酒说不甜

指好酒说不成酸酒，酸酒也说不成甜酒。也指好的东西外人说不坏，坏的东西也不会被说好。换句话说，好东西就是好东西，即使有人故意诬陷，也不会改变它本身的良好品质。而坏东西就是坏东西，即使有人为它涂脂抹粉，也不可能改变其低劣的品质。

好了伤疤忘了痛

指治好了疮疤以后，很容易忘了当时的疼痛。比喻境遇变好了就忘了过去的苦痛。也比喻当事业上有了成就的时候，容易忘记过去失败的教训。

好马不吃回头草

比喻有作为的人不走回头路。指既然已经拿定主意，就不能半路反悔。

好马不停蹄，好牛不停犁

好马奔驰不停，好牛拉犁不止。意谓勤劳的人不会停滞不前。

好马却驮痴汉，拙夫偏遇佳人

指伶俐美貌的女子常常不幸地嫁给愚昧丑陋的男人。

好人不长寿，祸害一千年

祸害：残害人民的坏人。指好人偏早死，坏人却常常活得很长。也指无奈的世道不公平。

好人难做，好事难为

指做好人做好事不容易，需要他人的理解，需要克服过程中的困难。

好人怕夸，坏人怕扒

指好人得到别人的赞扬更得帮助他人；坏人一经揭露就会暴露出丑恶的本质。

好事不出门，恶事传千里

指好的事情他人不容易了解，不好的事情却很容易传播开来。

好事不坚牢

指美好的事物经常很难持久。

好事没下梢

指做了好事，却没有好结果。

好树结好桃，好葫芦开好瓢

比喻只有基础好，才能培养出杰出的人才。

好头不如好尾

指做好收尾工作比开好头更重要。

好物不坚牢

比喻美好的事物往往不会持久。

好物不在多

好东西只要有价值，不需要数量多。

好物难全，红罗尺短

罗：绫罗，丝织品的一种。红罗：红色绫绸。尺短：比喻数量不多。指美好的事物往往不得周全。比喻好的事物不可能十全十美。

好心当作驴肝肺

指一片好心反倒被误解为恶意。

好心总有好报

指只要好心待人，总能收到好的回报。

合群的喜鹊能擒鹿，齐心的蚂蚁能吃虎

比喻只要弱者齐心协力，就能战胜强者。

合字难写，人心难齐

指真正的团结一致、齐心协力常常很难做得到。

何水无鱼，何官无私

指哪条河里没有鱼，哪个官吏没有私心。比喻做官的总有私心。

河不开化雁不来，草不发绿马不肥

比喻不论什么事如果不具备一定的条件，就不会取得成功。

河里孩儿岸上娘

意谓眼看子女遭受痛苦却无法解救，做母亲的心情一定是焦急和悲痛的。

河里淹死会水的

水性好的人竟然被水淹死。意谓越是有本事的人，常常会因为自恃精通而疏忽出错。

河深海深，最深莫过父母恩

指父母的养育之恩最深厚，一辈子都报答不了。

河水不洗船

意谓应用现成的条件省事，必另添麻烦。

河水泉源千年在，青春一去不再来

指河水源头能够永驻千年，而青春一旦逝去就不再回来了。

河水甜，海水咸

比喻不同的事物各自有不同的本质特点。

河有九曲八弯，人有三回六转

意谓人的思想、行为或命运也会像河流那样有变化反复。

河有两岸，事有两面

指处理问题要从正反两面去剖析。

河窄水紧，人急计生

指人在情急时猛然会想出好的主意或好的计谋。

荷花出水才见高低

比喻事情还没有结果就不可以随便定结论。

黑猫白猫，能抓老鼠就是好猫

比喻判断事物好坏，主要看实际效果。

黑馍多包菜，丑人多作怪

指粗面包子，多包菜吃才能咽下去；人越是难看，越要装腔作势，掩盖其丑态。

黑眼睛看见了白银子

形容见钱眼开。

恨棒不打笑面人

即使有深仇大恨也不打笑脸相迎的人。意谓不可以用严厉冷淡的行为对待和颜悦色的人。

恨小非君子，无毒不丈夫

旧社会指痛恨敌人不深就不是君子，对敌人心肠不毒辣就不是男子汉大丈夫。比喻处事心肠太软，不是有大作为的人。

红花需要绿叶扶持

红花美丽，还得有绿叶衬托。意谓一个人的本领再高，也离不开众人的帮助。

厚者不毁人以自益，仁者不危人以要名

意谓宽厚的人不会因为自己的利益而去做损害别人的事，仁慈的人不会因为求得功名而去做危害他人的事。

呼牛应牛，呼马应马

指名字是由人叫出来的，叫什么就是什么。

呼蛇容易遣蛇难

古时民间传说有的巫士会用咒语召蛇送蛇，一旦咒语失灵，蛇来不走，就会受到伤害。比喻找麻烦容易解决麻烦难。

狐狸尾巴总是藏不住的

比喻坏人再狡猾也掩盖不住他的丑恶嘴脸。

狐鼠凭城，难为功狗

比喻狡诈的小人有强大的靠山作庇护，英雄壮士也拿他没有办法。

胡姑姑，假姨姨

指胡乱指认的假亲戚。

虎病山前被犬欺

比喻英雄人物在逆运的时候，免不了要遭受势利小人的欺侮。

虎毒不食儿

老虎虽然凶狠却不会吃自己的崽子。意谓再狠毒的人也不会伤害自己的骨肉。

虎伏深山，豹藏寸草

指虎活动在深山中，豹在一寸高的草丛中就足以藏身。也比喻各种各样的人都有自己赖以生存的环境。

虎落平阳被犬欺

平阳：指平地。比喻强者如失去了必要的凭借条件，就将受制于人。

虎生三子，必有一彪

指母虎一胎所生的幼仔中必定有一只是最凶猛的。

虎瘦身还在

比喻威武的壮士，虽然体弱有病，但其威力不会减弱。

虎瘦雄心在

老虎虽然瘦弱，但雄心之气依然存在。意谓人虽年老体弱或处境艰难，但勇锐之气不会衰退。

虎在软地上易失足，人在甜言里会摔跤

指甜言蜜语会让人失去戒备，做错事情。

护家之狗，盗贼所恶

恶：憎恶。指盗贼最憎恶的是看家狗。比喻小人最忌恨忠贞之士。换句话说，一心为国为民忠贞不贰的人常常受到邪恶的小人的憎恨。

花开必落，月圆必缺

指物极必反。也指人有聚必有散。

花有千种颜色，人有万般脾气

意谓人有很多的个性和脾气，就像花有很多种颜色一样。

画虎不成反类犬

类：像，类似。犬：狗。指画虎没画成功，反倒画得像条狗。比喻不从自身情况出发，盲目效仿别人，反而会弄得不伦不类。也比喻做事如果好高骛远不切实际，反会弄巧成拙。

画虎画皮难画骨，知人知面不知心

指画龙和虎的外形很容易，要画出龙和虎的内在气质却相当难；看一个人可以看到他的表面，却很难摸透他的内心。比喻人心难测。

话不说不知，木不钻不透，冰不揩不寒，胆不试不苦

指任何事情必须亲自深入了解才能知道根底。

话传三遍假变真，药方子抄三遍吃死人

谣言传过很多遍，就会变得若有其事；药方传抄数遍，就会出现差错，残害人命。

话怕三对六面，事怕挖根抽蔓

指说话当面对质，就能是非分明；做事追根究底，就会真相大白。

话往明处讲，水往低处流

意谓说话不可以含糊其辞，要说得明明白白。

话要说到心上，肥要追到根上

说话要说到人的心坎儿上才会被接受，施肥要施到农作物的根上才会有作用。

欢喜破财，不在心上

指人因为高兴而舍得花钱，只是为了把事情办得圆满喜庆。

皇帝不急，急死了太监

比喻当事人不着急，旁边的人反倒为之十分焦急。

皇帝身上也有三个御虱

比喻人在本质上都是相同的，离不开生物属性。

皇天不负好心人

指上天不会辜负善良的人。换句话说，善良的好心人一定会有好的结果，勤劳刻苦的人做事终会成功。

黄河万丈有底，人心三寸难测

黄河即使再深也是有底的，而人心虽小但却很难推测得到。

黄鹤楼上看翻船

比喻在别人遭难时采取袖手旁观的态度。

黄鸡之卵，乌鸡伏之；但知为乌鸡之子，不知为黄鸡之儿

指黄鸡的蛋被黑母鸡孵出小鸡，小鸡只认识黑鸡不认识黄鸡。比喻人只知养身父母之恩，不知生身父母之恩。

黄金有假，戏法无真

黄金也有假的，变戏法更是骗人的。指世上常有以假乱真的。

黄连救人无功，人参杀人无过

指人们评价功过是非的时候常常被表面现象所迷惑，看不到真相。

会打打一棍，不会打打一顿

意谓做事情要善于抓住关键问题，就像一棍子就能击中要害一样。

会看的看门道，不会看的看热闹

指行家观察事物，注意详察内情，寻找内在规律，不在行的只会表面上凑凑热闹。

会说的不如会听的

会说话的善于编造而善于听话的人却能发现其中的破绽。意谓话说得再含蓄，善于听话的人也能听出其中的真意。

会推磨就会推碾子

比喻掌握了某一种技艺，相似的技艺自然能融会贯通。

会捉老鼠的猫儿不叫

意谓有真本事的人往往不露声色。

浑身是铁，也打不了几根钉

比喻个人的力量总是有限的。

浑身是铁打得多少钉儿

意谓一个人的能力总是有限的。

活人还能叫尿憋死

活人不会让尿把自己憋死。意谓活着的人解决困难总有适宜的方法。

火车跑得快，全靠车头带

比喻做好工作的关键是有杰出的领导带头。

火大无湿柴

火势大了，再湿的柴也能烧着。比喻团结的人多了，力量大了，多大的困难都能解决掉。

火到猪头烂，钱到公事办

意谓只要火候一到，再难煮的猪头也能熟透；只要钱财充足，再难办的事情也能办成功。

火候不到不揭锅

比喻时机不合适不要过早地采取行动。

火烧到身，各自去扫

意谓当灾祸临头时，各自想办法去解决掉。

火烧眉毛，光顾眼前

意谓情况紧急，只能解决眼前的困境。

火烧眉毛，且顾眼前

比喻事情十分紧急，只能处理眼前的事，顾不上作长远的计划。

火烧眉毛，且顾眼下

指在紧急的情况下，有时只能先顾及眼前，以尽快摆脱困境。

火心要虚，人心要实

意谓为人处世要讲究诚信，就如同烧火时火中间要空一样。

火要空心，人要忠心

火心空，才能烧得旺；人忠实，才能办成事。

伙打官司，事不主赢

合伙打官司，各有各的想法，你推我靠，打不赢。比喻公平的事情很难做到。

货比货得扔，人比人得死

人有贫富贵贱，如同货有好坏优劣，差别很大，无法相比。

祸不单行，福无双至

意谓不好的事经常会接踵而至，幸运的事却不会接二连三地到来。

祸不入慎家之门

意谓为人处世小心谨慎，可以免灾防祸。

祸从口出，患从口入

说错了话会惹祸，吃错了东西会生病。意谓言语要谨慎。

祸从天降，灾向地生

意谓灾祸平白无故地到来。

祸福无门，惟人所召

灾祸和幸福并不认识谁家的门，是人们自己的所作所为把它们招引来的。意谓祸福的出没不确定，全由人们招引自取。

祸由恶作，福自德生

灾祸由作恶而起，福分从行善中产生。指人作恶多端必然会招来祸害，行善积德会得到福报。

祸与福为邻

意谓祸与福相互依存，两者之间是可以相互转化的。

惑者知返，迷道不远

迷路的人及时回头，迷的路就不会长。比喻人犯了错能及时改过就会避免犯下大错。

J

饥时一口，强似饱时一斗

指平时吃饭三餐不知足，不觉得日子哪里好，等到受饿时才明白，能吃上饭真不容易。比喻困急时的一丁点资助，胜过平时的许多钱财。

饥者易为食，渴者易为饮

指饥渴的人在饮食上要求不高，能充饥解渴就好，容易得到满足。比喻大乱之后，人心思定，仁政容易推行。

机不可失，时不再来

机会不能失去，时间过去了就不会再回来。意谓良好的时机非常难得，容不得错过。

机儿不快梭儿快

机：指织布机。指织布机走不快，织布梭子走得快。也指在有些情况下往往是主要人物不厉害，次要人物很厉害。比喻消息很快被人传播出去。

机事不密，祸倚人门

意谓秘密的事一旦泄露出去，就可能招致灾难。

机事不密则害成

指泄漏机密就会招来祸害。

鸡不乱叫，狗不乱咬

鸡狗不会无缘无故地胡乱叫。意思是事出有因。

鸡肚不知鸭肚事

比喻一个人不知道另一个人的心事。也比喻这一类人不易了解那一类人。

鸡多不生蛋

比喻人虽然很多但如果组织不好，反而起不到好作用。

鸡多不下蛋,人多吃闲饭

指养鸡多了,如果管理不当,吃食不均,下蛋就不多;来干活的人多了,如果组织不好,分配不当,就会有人吃闲饭。比喻人多心不齐反而会降低效率。此处用来强调管理的重要性。

鸡儿不撒尿,各自有去处

意谓各有各的习惯,各有各的能耐。

鸡飞蛋打一场空

意谓两头落空或一无所获。

鸡改不了啄米,狗改不了吃屎

意谓坏人很难改变其做坏事的本质。

鸡急上房,狗急跳墙

鸡惊慌时会飞到房顶上去,狗被追急了会跳墙逃跑。意谓人在紧急情况下会采取意想不到的行动。

鸡毛飞上天

意谓本来办不到的事却奇迹般地办到了。

鸡窝里藏不住凤凰

比喻坏人堆里不会有好人。

鸡窝里飞不出金凤凰

意谓普通的环境中不会出杰出的人才,或坏人堆里不会出好人。

积羽沉舟,群轻折轴

很多的羽毛堆积在一起,会压沉大船;很多轻的东西聚集起来,也会把车轴折断。意谓积小患会酿成大祸。

即使三次看到黑,也不忙说是只熊

指不要简单草率地对事物下结论。

急不避嫌,慌不择路

意谓人一着急就顾不上躲避嫌疑;慌乱出走时就顾不上选择哪是最近最好走的路。

急火吃不成熟米饭

比喻操之过急反而做不好事情。常用来劝诫人不可以性急。

急惊风撞着了慢郎中

惊风:中医指小儿的抽搐症。指危急的惊风病人偏遇上个慢性子的医生。比喻有急事向人求助时遇上了行动迟缓的人。

急如丧家之犬,慌似漏网之鱼

意谓像丢失了主人的狗和漏网的鱼一样万分惊恐,拼命奔逃。

急水滩头慢行船

比喻遇到困难时要沉着,不要匆忙行事。

急水也有回头浪

湍急的水流中也会有与流向相反的浪花。意谓总会有特殊或意料不到的情况出现。

既有青山在，何愁没柴烧

意谓只要保存最基础的力量，不用发愁以后没有发展。

家贫不算贫，路贫贫死人

在家里穷苦一点还可以勉强度日，出远门没有钱就会无路可走。

家贫出孝子，国难识忠臣

贫穷的人家出孝顺的儿子，关键的动乱时刻才能识别忠奸。意谓在关键时刻才能看出一个人的为人。

家有三斗粮，不当孩子王

古时认为做老师费神操心，只要家中还足以存活，就不要做教师。

家有三件事，先从紧处来

事情多，应该先拣最要紧的做。

家有一心，有钱买金；家有二心，无钱买针

意谓一家人齐心协力，家业就会兴旺发达，一家人离心离德，就会穷困潦倒。

家贼难防，外鬼难抓

指内部的贼很难防备，外部的坏人不易发现。

家住山前识鸟音

指住在山边的人能识别各种鸟叫的声音。比喻长时间处于某一环境中自然就会熟悉其中的情况。

拣日不如撞日

刻意挑选好日子，不如凑巧碰上的日子好。多指好事要赶快办，不要拖延。

捡了芝麻，丢了西瓜

把芝麻一样的小东西捡起来了，却丢了西瓜一样大的东西。意谓只抓住了次要的事情，却忽略了重要的事情。

见风使舵，就水弯船

意谓说话做事能随机应变。

见怪不怪，其怪自败

指对怪事抱不以为然的态度，怪事也就不为怪了。换句话说，看到怪异现象不要大惊小怪，要冷静对待，坐观其变，怪异的现象就会自败自灭，不会作祟。

见过鬼怕黑

指人受过某种挫折，以后一碰上类似情况，就会担惊受怕。

见了菩萨烧炷香

比喻碰到与自己有利害关系的人就送礼请求关照。

见色不迷真君子，见酒不饮非丈夫

指见女色而不为所动是品行高尚的君子，见酒而不敢喝的不是男子汉大丈夫。也指真君子不为女色所迷，大丈夫不拒绝饮酒。

见死不救，牲畜不如

碰到濒临危亡的人不施行救助，连牲口都比不上。意谓见义勇为是人的高尚品德。

见兔而顾犬,未为晚也;亡羊而补牢,未为迟也

顾:回头看。亡:丢失。牢:牲口圈。指看见兔子回头唤狗去追捕,并不算晚;丢了羊就修补羊圈,也不算迟。比喻已经出了差错,但能及时采取补救措施,也还来得及。

剑当断革方知利,马历长途始见才

剑能削皮革才能说明它的锋利,马经过长途奔跑,才能知道它善于奔跑。比喻只有经过长期考验,才能证明人的实力。

剑老无芒,人老无刚

意谓人年老了就没有刚强坚毅的气质,就像宝剑用久了就磨去锋刃一样。

江湖越老越寒心

意谓人的阅历越多,对世事和人性越感到失望和痛心。

江山可改,禀性难移

河山容易改造,人的本性却难以改变。多指一个人长时间养成的思想、作风和习惯等,一时半会儿难以改变。

江山易打,民心难得

指夺取政权容易,要得到人民的真心拥护却很难。

姜是越老越辣

比喻人越老经历越多,做事越周全老练。

将心比心,强如佛心

指遇到事能设身处地地替他人着想就是最大的善心。

脚正不怕鞋歪

比喻自己行得正,就不必担惊受怕。

叫唤的猫不抓老鼠

比喻会花言巧语的人没有真正的本领。

叫天天不应,叫地地不灵

形容孤立无援的处境。

揭底就怕老乡亲

说明老乡亲知根知底,最了解情况。

揭人不揭短,打人不打脸

说人不说最忌讳的事,打人不打他的脸。也指批评指责人时,要留一些情面。

结君子千年有义,交小人转眼无情

意谓与品德高尚的人做朋友,友情永存;与品质卑劣的人结交,一碰上利害冲突,马上就会绝情断义。

借车者驰之,借衣者披之

说明借别人的车子可一时驾驭它,借别人的衣服可一时披上它。也指借人的东西,总归不是自己的。

借四两，还半斤

四两、半斤：旧制一斤为十六两，四两是半斤的二分之一。指知恩图报，他人帮助过自己，自己要加倍地报答他人。

借债还债，一时宽泰

宽泰：闲适安详的样子。指借上新债去还旧债，只能轻松一会儿。

借债容易还债难

指借债不难，难的是无力归还。告诫人们千万不要轻易借债。

今生不与人方便，念尽弥陀总是空

方便：这里是佛教用语，指因人施教，使领悟其真义。弥陀：阿弥陀佛的简称，信佛人念此以示修行。指如果不善待他人，即使念佛修行也是白费的。换句话说，如果一辈子不帮助他人，总是念阿弥陀佛也不管用。

金无足赤，人无完人

金没有成色十足的，人没有完美无缺的。指人或物难免会有缺点，不能求全责备。

紧行无好步

指走得太快了，迈不好步子。形容做事不能操之过急。

锦上添花天下有，雪中送炭世间无

越是荣华富贵越有人趋炎附势，越是穷愁潦倒越没人照顾周济。意谓世态炎凉。

近火者先焦

离火太近容易被烧焦。意谓先靠近险境的人最先受到伤害。

近水楼台先得月

指靠近水边的楼台先得到月光。比喻处在附近或者关系密切，因此能先获得好处。

近水楼台先得月，向阳花木易为春

指因具有便利的条件所以能先得到好处。

近水知鱼性，靠山识鸟音

比喻常接触哪个方面的人或事物，就会多增长哪个方面的知识。

近朱者赤，近墨者黑

朱：朱砂，一种红色的颜料。指离朱砂近会变红，离黑墨近会变黑。比喻接近好人学好，接近坏人学坏。说明环境对人的影响非常大。

进门休问吉凶事，看人容颜自得知

意谓不用询问，只从对方的表情就能知道事情的吉凶。

经验大似学问

实践经验远比理论重要。

经验经验，全靠实践

指经验来源于实践。

惊弓之鸟，夜不投林

受到弓箭惊吓过的鸟，晚上不敢在树林中休息。意谓被惊吓的人，常常心有余悸。

井底蛙天窄，山顶鹰眼宽

比喻见没见过世面的人眼光大不一样。

井落在吊桶里

比喻意料之外的巧事儿。

井深槐树粗，街阔人义疏

指如果井深水多，附近的槐树就长得粗壮茂盛；如果街道宽阔，各个门户之间的距离就会加大，人们之间的关系也就容易疏远。也指如果生活条件优越，人们之间的情谊就会疏远淡薄。

井水不犯河水

指井里的水与河水不相通。比喻双方互不干涉。

井水越打越来，力气越使越多

指人的力气越锻炼越大，就如同井越打得深，水就越多一样。

敬了父母不怕天，纳了捐税不怕官

做子女的孝敬父母，就不用担心会受到老天的惩罚；老百姓交了税，就不用担心官府会找麻烦。

敬神如神在

敬奉神时就如同神真的在你面前一样。指敬神要诚心诚意。

九个月长虫吃耗子，三个月耗子吃长虫

比喻强者不恒强，弱者不恒弱，彼此都有害怕对方的时候。

九牛拉不转

意谓主意已拿定，不会回头。

九牛去得一毛

比喻微不足道的耗费。

九牛身上拔一根毛

从许多牛身上拔下一根毛。意指微不足道。

九子不忘媒

指婚后已生养了九个孩子，但仍不忘记媒人当年的恩情。比喻永记恩德。换句话说，即便夫妻结婚后已经生养了九个孩子，也不应该忘记当初媒人为促成这件婚姻而付出的心血。

久赌无胜家

经常赌博不会总是赢。意谓常冒风险做事，免不了会出差错。

久旱逢甘雨，他乡遇故知

比喻碰到意想不到的高兴事。

久经大海难为水

意谓见过大世面的人，不会把小事情放在眼里。

久治生乱，乐极悲来

社会长期安定，有可能转而出现混乱，高兴到了极点，就会有悲伤的事。指事物发展到了极端就会朝相反的方向转化。

久住令人贱

指在别人家住的时间太长了,会让人瞧不起,招来别人的轻视、厌烦。

酒不在多,只要醇;蜜不在多,只要甜

比喻东西不在于数量多,而在于质地好。

酒不醉人人自醉,色不迷人人自迷

酒色本身并不迷乱人,是因为人自己去接近,迷恋其中,才造成麻烦的。意谓沉湎于酒色的原因在于自身而不在于酒色。

酒多人醉,书多人贤

指喝酒多的人经常会醉,读书多的人经常修养较高。也指人不应该沉迷于物质享受,而应注重提高精神品位。

酒好不怕巷子深

只要酒的质量好,即使酒店在偏僻的深巷里,也有人去买。意谓只要货好,不怕吸引不来顾客。

酒后失言,君子不怪

指人喝醉酒后说胡话,有修养的人是不会放在心上的。

酒后吐真言

指酒后人的思想失去控制,容易说出平时不想说或不敢说的话。也指喝醉酒以后说的话是清醒时想说的话。

酒后无德

意谓人喝醉酒后言行就会出差错。

酒乱性,色迷人

意谓美酒与女色能使人失去理智。

酒能成事,酒能败事

喝酒使人兴奋,可以放开胆子办好事情,但过于胆大,也会办糟事情。指饮酒要适度,不可过量。

酒情深似海,色胆大如天

意谓贪求酒色的人胆量极大。

酒色祸之媒

意谓美酒和女色是触发灾祸的媒介。

酒要少吃,事要多知

酒不要多喝,事情却要多了解。

酒饮席面,话讲当面

酒要在席面上喝,话要当面直说。

酒在肚里,事在心头

酒喝下去了,心事依然存在。意指不要因为喝酒而耽误正事。

酒中不语真君子

意谓在喝酒时不胡乱说话的人才是真正有修养的人。

酒中含毒，色上藏刀

指如果贪图酒色，就会招来杀身之祸。

旧的不去，新的不来

旧的东西不坏掉，人们就不会去添置新的。泛指旧的不破，新的就立不起来。

救寒莫如得裘，止谤莫如修身

御防寒冷，最好的方法是穿上厚厚的皮衣；制止别人的诽谤，最好的方法是加强自身的修养。

救了田鸡饿了蛇

蛇以青蛙为食，救活青蛙，蛇就会饿死。比喻凡事有利必有弊。

救人如救火

指救命如同救火，刻不容缓。

救人一命，胜造七级浮图

浮图：佛塔，梵语音译，也译作浮屠。佛教认为，救助一个人的生命，比修造一座七层宝塔还要功德无量。

聚者易散，散者难聚

意谓把积攒起来的钱财花费掉容易，把花费掉的钱财再积攒起来难。

涓涓不塞，将成江河

指细小的流水不堵塞，就会汇积成江河。意谓事情在萌芽状态的时候不消灭，就会造成大祸。

君子报仇，直待三年；小人报仇，只在眼前

君子报仇能耐心地等待合适的时机，小人报仇常常会操之过急。

君子避酒客

斯文的君子不与醉鬼打交道。

君子不吃无名之食

意谓有品德的人不随便吃他人的东西。也指君子不贪来路不明的财物。比喻正派的人不吃没有名义的食物。告诫人们，不可无故吃别人馈赠的食品。

君子不夺人之所好

指修养好的人不会强夺他人喜爱的东西。

君子不见小人过

说明地位高、修养好的人不会和下人一般见识。一般用作求人宽恕的常语。

君子不念旧恶

说明君子不记过往的怨仇。

君子不欺暗室

暗室：不被人见的地方。指道德高尚的人不在暗地里做亏心事。

君子不羞当面

羞：以……为羞。指有修养的或光明磊落的人有话当面直说，不会不好意思。比喻襟怀坦荡的人不害怕当面直说某些话。

君子成人之美

意指品德高尚的人能成全别人的好事。

君子动口,小人动手

指有修养的人遇到问题,动口讲道理;没有修养的小人遇到问题,动手打人。也指发生冲突时,应该讲明道理,而不应大动干戈。

君子断交,不出恶声

恶声:伤人的话语。指有修养的人和别人断绝交往时,不用恶语伤人。

君子断其初

指有本事的人总是在矛盾刚发生的时候就解决掉它。

君子防未然

指有见识的人防备祸患是在未发生的时候。

君子记恩不记仇

指品德高尚的人只记得别人的恩意不记得怨仇。要牢记别人对自己的恩德,要忘掉别人对自己的嫌恶。

君子弱白丁,良马畏黄鼠

白丁:旧指没有功名的人,这里指普通百姓。指在西部沙漠一带,再有学问的人,生活能力也不如普通老百姓;再好的马,也害怕夜里钻马耳朵吃虱子的黄鼠。

君子施恩不望报

指君子救助别人,并不是想得到别人的回报。

君子问祸不问福

旧指君子卜卦算命时只问凶不问吉。

君子言先不言后

指品行高尚的人有话当面就讲明白,不会等到事情过了之后才说。

君子一言,快马一鞭

指大丈夫一言既出,就像着鞭的快马一样,不能收回来。

K

开弓没有回头箭

箭射出去后就不可以收回。意谓做事既然已认清了目标,就不可以反悔。

开口奶要吃得好

婴儿第一口奶吃得好,以后喂养才会顺利。比喻开始学习时,基础打好,才会学得扎实、深入。

开锣容易收场难

开场演戏容易,但想圆满演成功却不容易。比喻事情开头容易,要想有个成功的结果却很难。

开头马虎,半路费工

指无论做什么事都要开好头。

开一道口子,毁一座堤坝

在坝上开一个极小的决口也会造成整个堤坝被冲毁的后果。

砍一枝损百枝

砍掉一个树枝就会使树的其他枝条受到损害。比喻局部损伤会影响全身。

看不准清浊水,摸不着里头鱼

不充分了解情况就盲目采取行动,经常造成不好的效果。

看菜吃饭,量体裁衣

看菜的多少吃饭,按照身体高矮胖瘦剪裁衣服。意谓根据实际情况处理问题。

看得破,忍不过

意谓虽能透彻地认清某件事,但情感上却很难忍受。

看风使舵常顺利,随机应变信如神

意谓如果能根据事态的变化决定自己的行动,就能很顺利地把事情做成功;如果能灵活地处理问题,就能妥善地处理好问题。

看花容易种花难

比喻享受成果容易,艰苦创业却很难。

看看蛮简单,学学三四年

看起来不难,做起来却很难。

看人挑担不费力,自己挑担重千斤

指袖手旁观容易,亲自承当重担就会感到困难。

看事容易做事难

指看别人做事容易,自己做起来就难了。说明眼看和手做是两码事。

看树看皮,看人看底

要识别一棵树,看树皮就足够,但要识别一个人,只有了解他的底细才可以。

靠山吃山,靠水吃水

指生活在哪里,就要因地制宜,靠当地的物质条件生活。比喻干什么行当就靠什么行当来维持生活。

靠山的不怕没柴烧,靠水的不怕缺鱼吃

比喻人们总是善于利用占据优势的客观条件。

肯在热灶里烧火,不肯在冷灶里添柴

比喻只想攀附权贵,不想帮助贫贱之人。

口含黄柏味,有苦自家知

比喻自己的苦处只有自己知道。

口没尊卑

指人的嘴没有尊卑贵贱的区别。换句话说,无论贵贱、贫富,每个人都要用嘴吃饭。

苦海无边,回头是岸

本为佛家语。苦海:比喻深重的苦难。岸:指彼岸,佛教把得到正果叫做到达彼岸。指苦难像大海一样无边,但只要彻底觉悟,一心从善,皈依佛教,就能脱离苦海。

比喻虽然罪孽深重,但只要发心悔改,就有生路。

快刀不磨是块铁

快刀不磨,就同一块废铁一样没有用处。比喻人不学习不磨炼,即使聪明也不会成大气候。

快刀不削自己的柄

比喻人不会彻底改正自己的缺点。

快马一鞭,快人一言

说明爽快的人只要一句话,说做就做,就像好马只需一鞭就可以奔跑起来一样。

亏心事莫作,枉法钱莫贪

违背道义的事情不要去做,来路不明的钱财不要拿。

昆岗失火,玉石俱焚

昆岗:古代传说中产玉的山。指产玉的昆岗山遭到火灾,美玉和顽石都会被烧毁。比喻一旦产地被毁,物品不管好坏,都将同归于尽。

L

拉口子要见血

用刀割皮肤要划出血来。意谓办事情一定要得到结果。

喇叭是铜,锅是铁

喇叭是铜做的,锅是铁做的。比喻人与人不一样。

蜡烛不点不亮,锣鼓不敲不响

比喻事物的变化不能没有外力的推动,对某些人必须给予指点,才能使他明白其中的道理。

来得易,去得易

说明得来容易的东西,也容易失去。也比喻不经过辛勤劳动,很容易得来的东西,失去也容易。

来得早不如来得巧

指早来的不如凑巧来的机会赶得好。

来世不可待,往世不可追

对未来不能消极等待,过去的时光不会再来。意谓要抓住当前时机干一番事业。

兰生幽谷,不以无人而不芳

兰花生长在幽深的山谷里,也一样会散发出迷人的芳香。比喻美丽的女子或高尚的人虽然生活在偏僻的地方,却同样也能引人注目。

烂麻拧成绳,力量大千斤

说明人们团结在一起就会有很大的力量。

狼多肉少,神仙也苦恼

比喻人多而物少,东西不够用,事情就不好办。

狼换羊头,心还是坏的

意思是坏人即使换一副面孔,也还是坏人。

狼心狗肺不可交

指不能跟忘恩负义的人做朋友。

狼行千里吃肉,猪行万里装糠

古时认为每个人的命运福分都是不一样的。

狼众食人,人众食狼

形容数量多、总体力量强大的一方经常会打败对方。

狼走千里吃人,狗到天边吃屎

形容坏人和恶人的本性不论什么时候都改变不了。

浪从风来,草从根来

波浪由风掀起,草木由根生长。比喻事情的发生总有原因。

浪再大,总在船底下;山再高,总在脚底下

形容对方势力再强大,也打不倒本领高超的人。也比喻不论什么都阻挡不了真理的传播。

浪子回头金不换

浪子:品行不端的年轻人。指浪子改邪归正的事比金子还宝贵。换句话说,不干正事、走过邪路的年轻人,如果能回头,改邪归正,这是一件比金子还要宝贵的事情。

劳心不如劳力

指做普通人容易,当官却不易。

老蚌出明珠

意谓老年生个好儿子,或贫寒人家出美貌的女子。

老鸹野雀旺处飞

指麻雀挑人烟兴旺的地方栖息。比喻人都愿意去兴旺发达的地方。也比喻人都趋炎附势,都想往高处走。

老禾不早杀,余种秽良田

残留在地里的成熟稻谷如果不及时收割,它落下的谷粒就会荒芜不收。意谓人事如果不及时更新,事业就不会成功。

老虎戴佛珠

比喻假装好人。提醒人们,恶人也能假充善人,要加以提防。

老虎离山被犬欺,凤凰落架不如鸡

比喻英雄人物在失势时,会受小人欺侮;高贵者一旦衰落了,身价还不如一般人。

老皇历,看不得

意谓不能因循守旧,按老一套办事。

老猫不死旧性在

比喻本性是不会改变的。也比喻坏人只要还没死掉,做坏事的本性就不会改变。

老人不见小人怪

指长辈不必与晚辈计较。

老天爷饿不死没眼的家雀

比喻不管碰上多大的困难,总归会有办法熬过去。

老鸦占了凤凰巢

比喻强占他人之物。

老医少先生

指医生越老越有经验,算命先生越年轻越有决断。

乐不可极,极乐必亡

指行乐不能过度,过度肯定会遭到灾祸。

乐极生悲,否极泰来

快乐到了极点,就会发生悲痛的事情;情况坏到极点,就会向好的方面转化。

雷击冒尖树

指冒尖的树容易先遭雷击。比喻冒尖或领头的人,容易先遭打击。

累死十个庄稼汉,抵不上一个精明媳妇

指一个精明能干、勤俭过日子的妇女比十个辛勤劳动的农民还强。

冷灰里爆出火来

形容在平静的气氛中发生了完全想象不到的事情。比喻已经搁置不理的事又会重新被提起讨论。也比喻已经平息的事有时又能生出枝节来。

冷水要人挑,热水要人烧

比喻任何事情都要有人去做,任何收获都不可能坐等而来。

礼下于人,必有所求

指向人行礼,必定有求于人。

理怕来回想

指道理越想越明白。

理怕众人评

意谓道理只有经过人们的评说才会更加明白。

理直气壮,理亏气短

意谓理由充分,说话气势就盛;理由站不住脚,志气必然沮丧。

理直千人必往,心亏寸步难移

理直气就壮,人再多的地方也敢去;心亏胆必怯,到哪里都会胆怯。

理字没多重,三人抬不动

意谓任何人都不能做违背法理的事情。

醴泉无源,芝草无根

醴泉:甘美的泉水。芝草:真菌的一种,生长在山地枯树根上,古人以为瑞草。比喻美好的人或事物不一定有根源可寻。

力大者为强

指力气大的人容易争强逞能。

力微休负重,言轻莫劝人

力气小的人不背重物,说话不受重视的人不规劝别人。意谓人要有自知之明。

立得正,不怕影儿歪

喻指为人处世走正道,心里踏实,什么都不用怕。

利不百，不易业

获得不了百倍的利益，就还按照原来的做法去执行。

利刀劈不断水

比喻柔能克刚。

脸丑怪不着镜子

比喻自己行为不端，出了事不能责怪别人。

良辰易遇，善人难逢

指美好的光景容易碰到，而善良的人却很难相遇。

良马比君子

指好马通达人间情理。

良善被人欺，慈悲生患害

指人太善良慈悲，反会遭人欺侮，招致祸患。

良田不如良佃

田地好不如耕作好。

良药苦口利于病，忠言逆耳利于行

指好药虽然苦，却有利于治病；真诚的劝告虽然不顺耳，却有利于改正错误，指导今后的行动。也指别人的批评、劝告听起来尖锐、让人感到不愉快，但对于自己行为改正却是很有好处的。

良医之门多病人

指医术出众的名医门前会有很多求医看病的人。比喻盛德君子不拒绝和思想行为低劣的人相接触。

两利相权从其重，两害相权从其轻

指面对两种有利情况，要选择对自己更有利的；面对两种不好的情况，要选择对自己危害最小的。

两鸟在林，不如一鸟在手

比喻虚空的再多，不如拥有一个实在的。

两人养马瘦，两人养船漏

比喻人多了，责任不明确，相互推诿，反而办不好事情。

两物相形，好丑愈见

指人或事物两对比，好坏优劣就更明显了。

量小非君子，无毒不丈夫

君子：人格高尚的人。毒：狠毒。指度量小的人不能称得上是君子，对敌不狠的人不能称得上是大丈夫。

料事者先料人

要预料事情的成败，首先要了解做事情的人的情况。

林子大了，什么鸟儿没有

比喻人一旦多了，什么样的人都有。

临渴掘井，悔之何及

等到口渴时才去掘井，已经来不及了。意谓事到临头才想办法，无济于事。

临桥须下马，过渡莫争船

指过桥要下马行走，过河不能争相上船。也指出门要倍加小心，安全第一。

临上轿马撒尿

比喻在关键时刻，发生了意外的事。

临危望救，遇难思亲

指人遇到危急时总是渴望有人救助，遇上灾难时就会想念亲人。

临崖立马收缰晚，船到江心补漏迟

临：到。指已到悬崖才想到停马收缰，就太晚了；船已行驶到江心才想到补漏洞，就太迟了。比喻事情已发展到了无法挽回的境地。提醒人们，要及早发现问题，尽快采取补救措施。

流水不腐，户枢不蠹

流动的水不会腐臭，经常转动的门轴不会被蛀蚀。意谓经常运动的事物不容易被侵蚀。

留得青山在，不怕没柴烧

比喻只要保存住自身，只要人还活着，以后就有希望，就不怕没有出头之日。换句话说，只要保住了最根本的东西，就能实现希望和目标。

留得五湖明月在，不愁无处下金钩

意谓只要保住自身最基本的才能，就不害怕没有地方施展才能。

六十的运气轮流转

人的运气每经六十年就好坏交替运转。泛指人的运气总有改变的时候。

六月债，还得快

古时农民借债，一般在秋收后归还。指农历六月里借了债很快就可以归还。常比喻回报来得很快。

龙不离滩，虎不离山

龙不能离开海，虎不能跑下山。比喻人离开适合自己的环境就无法施展才能。

龙眼识珠，凤眼识宝，老牛的眼睛识稻草

比喻人的地位、阅历不同，识别能力也就随之不同。

龙游浅水遭虾戏，虎落平阳被犬欺

平阳：平地。指龙游在浅水中会被虾戏弄，虎落在平地上会被犬欺负。比喻英雄在失势时会受小人的欺负。也比喻强者在困境中反遭弱者的欺负。

聋子不怕雷

指雷声再大，聋子也听不见。比喻不明事理的人受的压力不管多大，都没有感觉。

蝼蚁尚且贪生

指蝼蚁一类小虫尚且爱惜生命，何况是人！旧时常用来劝人不可轻生。

蝼蚁尚且贪生,为人岂不惜命

蝼蛄蚂蚁还贪恋活命,人怎能不爱惜自己的生命。

蝼蚁之穴,可溃千里之堤;一趾之疾,可丧数尺之躯

一个小小的蚂蚁洞能使千里长堤溃决,一个脚指头的病症会危及生命。比喻小的祸害如不及时消除,会酿成大祸患。

露水见不得太阳

露水一见太阳就消失了。比喻恶人不会长命百岁。

虏自卖裘而不售,士自誉辩而不信

虏:古代指奴仆。裘:皮毛衣服。指奴仆卖皮衣说得再好也卖不出去,读书人自夸有才华也没人相信。也指人的才华未露时不易被人所识,需人举荐。

鹿老角硬,树老根深

鹿老了鹿角长得更硬,树老了树根扎得更深。比喻人越老经验越丰富。

路极无君子

指人在无路可走、陷入绝境时,就不能多考虑自己的行为是否高尚。

路上行人口似碑

碑:镌刻着史迹的石碑。口似碑:人们的嘴如同碑文一样评论人或事。指事情总会传出去,好坏自有大家来评论。也指事情总是瞒不住的。

路湿早脱鞋,遇事早安排

意谓有事要早做准备,早打主意。

路是人开的,树是人栽的

比喻不论什么事要靠人大胆地去实践,才可以得到成功。

路是弯的,理是直的

指只要有理,在哪儿都行得通。

路遥知马力,日久见人心

意谓跑得路途遥远了才能知道马的耐力,时间长了才能看出人心肠的善恶。

路要一步一步走,饭要一口一口吃

比喻不论做什么事都要循序渐进,不可操之过急。

路有千条,理只有一个

能让人行走的道路很多,但真理却只有一个。

驴唇不对马嘴

意谓两者毫不相干。

驴的朝东,马的朝西

说明各走各的路。也比喻每个人都有各自的路要走。

驴粪球儿外面光

说明表面好看,里面却十分糟糕。实际上是讽喻那些外表好,内容却很糟的人或事物。提醒人们要时刻注意识别。

驴事未去,马事到来

比喻一桩麻烦事还没彻底解决,另一件又来了。

乱麻必有头

说明无论多么纷乱的事情都能理出个头绪来。

乱世显忠臣

指动乱的年代里最能验证人的忠诚之心。

锣不敲不响，理儿不辩不明

意思是道理不经大家评论就不会明白。

锣鼓长了无好戏

比喻过程太长了，事情就不好办。

螺蛳壳里做道场

道场：和尚或道士做法事的场所。比喻在极小的地方做大事情。也比喻条件不具备，就难以把事情办成。

落水要命，上岸要钱

遇到危险时只想着保命，脱离危险后只想着钱财。意指人性的卑微贪婪。

M

麻雀飞过，也有影子

意谓不论做何事，总会留下一些蛛丝马迹的。

麻雀莫跟大雁飞

指麻雀不可能像大雁那样远走高飞。意谓做事情不能盲目攀比，要量力而行。

麻雀虽小，五脏俱全

指麻雀虽然小，五脏却很齐全。意谓事物虽小，但每个部分都很完整无缺。

麻油拌韭菜，各人心里爱

指用麻油拌韭菜吃，每个人都有自己的喜好。说明人的爱好各不相同。

马不吃草不能强按头

不能强摁着马头让它吃草。意谓不能强迫别人做他不愿意做的事。

马不打不奔，人不激不发

人不受刺激就不会发奋图强，就好像马不用鞭子打就不会奔跑。指人有了压力才会上进。

马不知自己脸长，牛不知自己角弯

比喻人总是看不到自己的缺点或毛病。

马上摔死英雄汉，河中淹死会水人

精于骑术的好汉往往会坠马摔死，善于游泳的人常常会被水淹死。意谓技艺精熟的人往往会因疏忽大意会出差错。

马屎凭官势

意谓旧时地位低贱的人常常凭借官府的势力耀武扬威。

马听锣声转

意谓看别人的脸色行事或根据别人的意思做事。

马王爷三只眼

马王爷:管马的官。三只眼:传说神魔马王长相怪异,生有三只眼睛。比喻人难以对付,不好惹。

马无头不走,鸟无头不飞

意谓不论做何事都要有个带头的人。

马无夜草不肥,人无横财不富

马不吃夜草就不长膘,人得不到意外之财就富不起来。

马行千里,无人不能自往

马虽然能行走很远,但没有人驾驭就达不到目的地的。意谓一个人虽然才能优秀,但没有人推荐,就不能尽其才能。

马要骑,人要闯,生铁不炼不成钢

指人要离开家庭,在实践中经受锻炼和考验才能成长起来。

马有垂缰之义,狗有湿草之恩

指马还有垂缰救主人的仗义行为,狗也有湿草救主人的恩义举动,人怎能知恩不报。

马有失蹄,人有失足

意谓人难免会有失误的时候,就像马难免会有失蹄一样。

马遇伯乐嘶鸣,人逢喜事泪流

人遇到喜事会高兴得流出眼泪,就如同马见了伯乐一样,会兴奋得嘶鸣起来。

马走千里吃草,狗走千里吃屎

马无论走到哪里总是要吃草的,狗行千里也改不了吃屎的习性。意谓坏人改不了其做坏事的本性。

蚂蚁能啃大骨头

比喻力量再小,只要一点一点地努力,就可以完成艰巨的任务。

蚂蚁虽小,力大搬山

比喻弱小者只要齐心协力,就能完成艰巨的任务。

买咸鱼放生,死活弗得知

意谓做事不明白真相或不知其中的利害。

卖瓜的说瓜甜,卖醋的说醋酸

比喻做生意的人都会吹嘘自己的货物好。也比喻自我夸耀。

满口仁义道德,满肚子男盗女娼

意谓有些人外表正派,表面说得头头是道,内心却相当卑鄙肮脏。

满招损,乐招灾

意谓骄傲自满会招来损失,过分欢乐会招来灾祸。

满招损,谦受益

意谓骄傲自满会招来损失,谦逊谨慎能得到收获。

慢藏诲盗,冶容诲淫

意谓财物保管不严,就会招来盗贼;容貌打扮得妖艳,就会诱人淫乱。

慢工出巧匠

指只有不操之过急,精心制作,才能培养出能工巧匠。

慢工出细活

指不急于求成,用心制作,才能出精细的产品。

慢走跌不倒,小心错不了

意谓走路小心就不会跌跤,谨慎地做事就不会犯过多的错误。

忙人无智

比喻匆忙中人考虑问题不周到。

忙中遇着腿缠筋

形容忙中添乱。

猫儿得意欢如虎,蜥蜴装腔胜似龙

蜥蜴:爬行动物,身体表面有细小鳞片,有四肢,尾巴细长,很容易断,在草丛中生活,捕食昆虫和其他小动物,常称为四肢蛇。指得意的猫儿比老虎还欢跃,装腔作势的蜥蜴比龙还厉害。比喻小人得志,神气十足。

猫儿踏破油瓶盖,一场快活一场空

猫好不容易踏破了瓶盖,发现是自己不吃的油,懊恼得很。意谓到手的东西不能享用,空欢喜一场。

猫急上树,狗急跳墙

比喻人被逼急了,就会不择手段地胡干一气。

毛羽不成,不能高飞

小鸟羽毛未干,翅膀未硬,就不能展翅高飞。比喻力量尚未壮大,不能成就大事。

茅茨里面开不出好花

茅茨:用茅或苇盖的屋子。比喻父母长的丑陋,生养不出俊俏的姑娘。也比喻卑微人家出不了人才。

茂林之下无丰草,大块之间无美苗

在茂密的森林里不会有丰茂的草,在大土块地里长不出好苗。意谓客观环境对事物的生长发展起着重要的作用。

没家鬼引不出外祟来

指内部如果没有坏人,外面的坏人就渗透不进来。

没家亲引不出外鬼来

意谓如果没有内部人接应,不会有外面的人来找麻烦。

没见世面,不知香臭

比喻人如果没有见过世面,有些道理就不懂。

没酒没浆,不成道场

道场:和尚或道士做的法事。比喻没有酒菜,无法待客。

没那金钢钻,也不揽那瓷器家伙

比喻没有特定的本领,或没有足够的把握,就不敢承担某件事。

没土打不成墙

比喻没有一定的条件或缺少必要的条件，就不可能办成事。

没咸不解淡

比喻没有某方面必要的条件就解决不了问题。

没有不透风的墙

指秘密总要透露出去。换句话说，没有永远不泄露的机密。

没有规矩，不成方圆

不用圆规和曲尺，就画不好圆形和方形。比喻不遵守一定的标准、法则，就做不好事情。

没有荷叶不敢包粽子

比喻没有必要的条件或特殊的才能，就不要承担某事。

没有家鬼送不了家人

意谓没有熟悉内情的内部人接应，就成不了事。

没有君子，不养艺人

君子：艺人对围观群众的尊称。古时艺人登场卖艺时，祈求观众慷慨解囊相助的客套话。

没有闪电，雷不会响；没有刮风，树不会摇

比喻事情的发生，终究有一定的原因。

没有四两铁，怎敢去捻钉

比喻缺少必要的条件和相应的才能，就不要承担做某事。

没有梧桐树，引不得凤凰来

梧桐树：传说是凤凰爱栖息的树。凤凰：古代传说中的百鸟之王，雄的叫凤，雌的叫凰。比喻没有优越的好条件，就招引不来出众的人才。

没有下唇，就不该揽着箫吹

比喻没有某方面的才能或条件，就不该承揽某事。

没云不阴天，无事不上山

指没有事情要办就不会无缘无故地找上门来。

梅花优于香，桃花优于色

梅花好在香气浓烈，桃花好在色泽鲜艳。比喻事物各有自己的优缺点，很难兼备一切优点。

媒人不挑担，保人不还钱

指媒人做媒，不代送嫁妆，保人担保，不代还债务。换句话说，中间人不承担直接责任。

美景不长，良辰难再

指宜人的景色不可能长在，美好的时光不会重来。

美酒饮到微醉后，好花看到半开时

喝酒喝到微醉的时候最好，赏花要在花苞半开时最美。比喻说话做事要恰到好处，适可而止。

美女入室，恶女之仇

恶女：丑陋的女子。仇：嫉恨。指美貌的女子进了家门，丑陋的女子便会视为仇敌。

门门有路，路路有门

指到处都有行得通的门路。

门前有小河，担水容易多

比喻有便利的条件，做事就比较方便，就容易获得收益。

猛虎不吃回头食

猛虎不回过头来找东西吃。意谓有作为的人会勇往直前，不会回头。

猛虎不如群狐

一只猛虎敌不过一群狐狸。意谓众弱能胜寡强。

猛虎进网，有威难张

意谓人一旦落入圈套，再有能耐也施展不开。

猛犬不吠，吠犬不猛

比喻真正厉害的人不显露自己，到处炫耀的人并不厉害。

猛兽离山，不免网罗之患；巨鱼失水，反遭蝼蚁之欺

比喻本事再大的人一旦没有施展本事的条件，也会遭到弱者的欺侮。

蒙人点水之恩，尚有涌泉之报

仰泉：喷泉。指即使受人家一小点恩惠，也要给以深厚的报答。也指受恩必重报。

蠓虫飞过都有影

比喻人的行为都会留下痕迹。

梦从想中来

指做梦是由于心有所想引起的。

梦到神仙梦也甜

比喻美好的愿望即使不能达成，想一想也是非常甜美的。

迷而知反，得道不远

迷了路能及时回头，不久就能找到正路。泛指有错能及时改正，离成功就不远了。

米谷里免不了有糠秕，沙子里有时也有黄金

指对人或事物不可以以偏概全。也比喻人或事物不可能十分纯粹。

蜜多不甜，油多不香

比喻好东西数量过多，人们就会忽略它的好处。

蜜罐子嘴，秤钩子心

形容人口蜜腹剑。

庙小妖风大，池浅王八多

比喻地方虽小但恶人相当多，风气很差。

民以食为天

指食物是人民最大的需要。也指对于老百姓来说吃饭是最重要的。

名不正,言不顺

意谓如果名分不正或名实不相符,话就不顺理。

名下无虚士

意谓有好名声的人肯定也有实学。

明镜所以照形,古事所以知今

对着明镜可以看清形貌,从历史中可以借鉴经验从而认识现在。

明人自断,愚人官断

指聪明人自己就可以想明白事理,而愚笨的人则需要经由官府断案才可以。

明修栈道,暗度陈仓

楚汉相争时,大将韩信表面派兵修复栈道,装出要从这里出击,实际上却率领部队,暗中抄小道绕过陈仓攻打关中。后用以此来比喻表面做一套为遮人耳目,实际上暗中却另有一套。多用于指男女关系。

明月不常圆,好花容易落

指月亮会残缺,鲜花会凋谢。比喻称心如意的事常常不会持久。

明哲保身,急流勇退

意谓深明事理的人善于保全自己,在事情顺利发展时会及早引退以避灾祸。

明知不是伴,事急且相随

明知对方不是伴侣,因事情紧迫只好暂时相随。意指事出无奈,只得合作。

命该井里死,河里淹不煞

旧时认为,人是生是死、人死在何处都是命中注定的。

磨刀不误砍柴工

磨刀虽然要花费时间,但磨得锋利了,有利于砍柴,实际上并不耽误时间。比喻提前做好准备,效果会更好。

莫恋故乡生处好,受恩深处便为家

指不必留恋美好的家乡,哪里能得到大恩大惠,哪里就是自己的家。也指人就以四海为家。

木不离根,水不脱源

根:树根。源:水的源头。比喻说话不能没有凭证。换句话说,说话办事都要有依据。

木偶不会自己跳,幕后定有牵线人

木偶会跳动,是因为背后有人操纵的缘故。比喻有些人干坏事,背后一定有人指使。

木炭的乌黑露在外表,坏人的污黑藏在里头

提醒人们要提防口是心非、内心奸诈的小人。

木无本必枯,水无源必竭

比喻事物失去本源就必然衰败、消亡。

木有本,水有源

本:树根。源:水的源头。树木一定有根,水流一定有源头。比喻任何事情的发生都有其根源或缘由。

N

拿到一根金刚钻,胜过一箱铁钉子

指得到一件贵重的物品,远比得到一大堆普通的东西重要。

拿斧的得柴火,张网的得鱼虾

比喻付出什么劳动,必然会有什么收获。

拿了银碗讨饭

比喻不利用自己的有利条件反而向别人求援。

拿衣提领,张网提纲

提衣服要提住衣服的领子,提网要提住网的总绳。比喻做事情要把握关键。

拿鱼先拿头,刨树要刨根

比喻做事要抓住要害,抓关键,从本质上解决问题。

哪处黄土不埋人

指客死在异乡也是可以的。

哪个耗子不偷油

耗子:老鼠的俗称。古时指男子免不了会偷情。比喻贪婪的人总想窃取好处。也比喻恶人总会做坏事,即本性难改。

哪个猫儿不吃腥

比喻贪心的人个个都爱钱财。也比喻本性难改。

哪个人也不全,哪个车轮也不圆

指人不可能十全十美,如同车轮不会绝对圆一样。

哪个鱼儿不识水

识水:熟悉水性。比喻在某种环境中长期生活,就必然熟悉情况。

哪里的话讲得多,哪里的事就做得少

指在某方面越是夸夸其谈,事情越是做不好。

哪怕风浪再大,也总有过去的时候

风浪再大,总会有平息的时候。意谓事态再严重,总有解决的办法与结束的时候。

内邪不生,外贼不入

如果内部没有邪恶之人,外面的贼人就不可能进入。指邪恶的出现,主要是还是内因的作用。

内行看功夫,外行看热闹

意谓内行人善于观察功力的深浅,外行人只会看表面现象。

内行人只听三句话,便能看出真和假

指行家了解内情,只要听对方说几句话,就能辨别出事情的真相。

南人不梦驼,北人不梦象

指人做梦都是梦自己熟悉的事物。比喻人们的经验、体会不可能脱离自己的生活环境产生。

南人驾船,北人乘马

南方人多生活在水乡,会撑船;北方人多生活在平原上,会骑马。

难将一人手,掩得天下目

指自己做了丑恶的事,想遮掩住不让人知道,是绝对办不到的。

嫩姜没有老姜辣

比喻年纪不大、经历少的人,做事比不上年纪大、经验丰富的人老练。

能吃苦方为志士,肯吃亏不是痴人

肯吃亏的人未必是傻子,能吃苦的人一定是有志气的人。

能出一斗,不添一口

指宁肯拿出一斗粮送人,也不愿增添一口人吃饭。也指添人白吃饭负担最大。

能到南山当驴,不到北海打鱼

指宁可当驴,也不打渔。指在海里捕鱼是非常辛苦的事。

能请神就得送神

意谓自己惹出来的问题自己去解决。

能屈能伸大丈夫

意谓有志气、有作为的人能审时度势,随机应变。

能饶人处且饶人

能宽恕他人的时候尽量宽恕他人。意谓为人处世应当学会宽容。

能忍者自安

指遇上不称心的事应忍耐以保持平静。

能弱能强千年计,有勇无谋一旦亡

指能审时度势,随机应变,能上能下是长远之计;而一味逞强,盲目乱干,只能自取灭亡。

能言者未必能行,能行者未必能言

能说的不一定能实干,能实干的不一定能说。常指会说话和善于做事是两码事,人们常常不能两者兼备。

能者多劳

意谓能干的人总比别人多吃苦受累。

泥佛劝土佛

比喻自身都保不住的人却去帮助他人。

泥和水,水和泥

意谓结合成一体。

泥牛入海永无消息

泥土捏的牛一到水中就化开了。意指一去不复返,杳无音讯。

泥鳅难捉，人心难摸

指人的心思就像泥鳅难以捕捉一样，令人难以捉摸。

泥鳅掀不起大浪，跳蚤顶不起被窝

比喻根基浮浅、力量不大的弱小势力构不成大的威胁，或难以办成大事。

你说不得我头秃，我笑不得你眼瞎

比喻双方都有缺陷或短处。

逆风点火自烧身

指逆着风点火，火必然要烧到自己身上。比喻一个人干出愚蠢的事情，遭殃的是自己。也比喻一个人做出不正当的、害人的事情，最终必然受到应有的惩罚。也形容干了违背情理的事会自食其果。

溺爱者不明，贪婪者无厌

指过分溺爱，就不容易明察是非；一味贪求过多，就永远也满足不了。

年好过，月好过，日子难过

指长年的困苦日子，难以度过。也指生活上的处境十分困难。

鲇鱼找鲇鱼，甲鱼找甲鱼

鲇鱼：鱼名，体表无鳞多黏液。甲鱼：鳖。比喻人总是喜欢气味相投的人在一起。此处有贬义。

念了经，打和尚

讽喻无情无义的人，请别人帮忙办事，事成后就对别人翻脸。也形容利用别人达到目的之后，随即打击人家。

鸟靠翅膀兽靠腿，人靠智慧鱼靠尾

比喻人只有依靠自己的聪明才智，才能生存，发展下去。

鸟入樊笼，有翅难飞

樊笼：用竹子编成的鸟笼。指鸟儿一旦进入笼子，有翅膀也不能飞动。比喻人失去自由时，有力也没地方使。

鸟为食落网，鱼为食上钩

指鸟为吃食被网捕，鱼为贪饵上了钩。比喻人贪利，免不了上圈套。

鸟要合群，人要齐心

指人要齐心协力，才能克服一切困难。

尿泡虽大无斤两，秤砣虽小压千斤

比喻不能从表面上判断人。有的人外强中干，有的人虽然其貌不扬，却有真本领。

宁百刺以针，无一刺以刀；宁一引重，无久持轻；宁一月饥，无一旬饿

宁可用针刺百下，也不愿让刀戳一下；宁可提一下重物，也不愿一直拿着轻物；宁可一月半饥不饱，也不愿接连十天挨饿。意谓两害相权取其轻。

宁吃仙桃一口，不吃烂杏一筐

指宁可少而精，不可多而滥。也指应采取少而精的原则。

宁得罪君子,勿得罪小人

指君子厚道,对他有不对的地方,也能得到原谅;小人刻薄,稍有得罪,便耿耿于怀,伺机报复,什么手段都使得出来。

宁管千军,莫管一夫

夫:民夫。指夫役纪律涣散,难以驾驭。比喻宁愿管理千军万马,也不愿管教一个散漫无纪律的人。

宁叫做过,莫叫错过

指宁可去做某件事,以免日后因错过机会没有做而后悔。

宁救百只羊,不救一条狼

比喻愿尽力去救很多的好人,却不愿轻易去救一个坏人或决不能去救助一个坏人。

宁欺白须公,莫欺少年穷

指贫困中的少年通过奋发努力,常常会有作为,千万不能忽视。

宁为太平犬,莫作乱离人

指不愿过乱世的生活,企望太平安宁。

宁许人,莫许神

宁可对人许愿,不要对神许愿。迷信者认为如果向神许了愿,就一定要还愿,否则会遭受灾祸。

宁愿肚子饿,不让脸上热

意谓宁可吃苦受累,使肉体上受委屈;也不愿被人指责,使精神上受折磨。

宁撞金钟一下,不打铙钹三千

意谓宁愿向有胆识的人央求一次,不愿向无胆识的人再三求告。

宁做鸡头,不做凤尾

指宁可做不好看却可以吃的鸡头,也不做华而不实没有多大用处的凤尾。比喻要踏实地做对人民有好处的实事,不要做那些装点门面没有实际用处的事。

牛不喝水强按头

比喻被迫去干不愿干、或者干不了的事情。也比喻强迫行事。

牛不知角弯,马不知脸长

比喻人很难自觉地意识自己的不足。

牛换牛,当面偷

指牛贩子当着买主和卖主的面,也能偷换买定的牛。泛指奸诈的人作弊,手段十分狡猾。

牛角越长越弯,买卖越大越贪

比喻人的贪欲是无止境。

牛劲儿不齐拉乱套,人心不齐瞎胡闹

指人心不齐,就办不成事,就像拉车的牛,劲儿使不在一块儿,就拉不成车一样。

牛皮不是吹的,泰山不是垒的

比喻吹牛没有用。换句话说,吹牛皮说大话是不能办事的,要办事就必须脚踏实地认真做事。

牛皮唬不倒人，草深掩不住苗

比喻说大话吓不了人。

牛头不烂，多费柴炭

比喻遇到不好办的事，得下大工夫，付出一定的代价。

牛尾巴盖不住牛屁股

比喻做了见不得人的事，是遮盖不住的。

弄潮须是弄潮人

搏击海潮必须是熟知水性的人。意谓只有内行人才能做好内行事。

驽马恋栈豆

劣种马只贪恋马栈里的豆子。意谓人没有远大志向，只贪图眼前利益。

怒从心上起，恶向胆边生

人的怒气一旦从心里涌起，胆量立即就有了。意谓好汉路见不平，会有惩治、报复或杀人的心理。

女大自巧，狗大自咬

女孩子长大了自然会心灵手巧，就像狗儿长大了就会汪汪地叫一样。

P

爬得越高，摔得越疼

比喻地位越高，一旦失势，遭受的损失也就越大。

怕鬼有鬼

指越是害怕的东西，越是容易碰上。也指担心怕发生什么事情，偏偏发生什么事情。也引申为越害怕什么，越能说明内心有不可告人的事情。

攀得高，跌得重

向上爬得地位越高，失败时就越惨。

盘子盛不过大碗，鸡蛋碰不过石头

意谓小的斗不过大的，弱的战胜不了强的。

胖子也不是一口儿吃的

比喻人的成长或知识的积累都得经历一个过程，不可以操之过急。

刨树要刨根

意谓处理问题必须像刨树根那样干净彻底。

捧上不成龙

指捧上天去，也成不了龙。比喻人的资质差，成不了大器，再怎么扶持也不管用。

披着蒲席说家门

蒲席：用蒲草编的席子。披着蒲席：指穷困潦倒。家门：指自己的家族。指身披蒲席跟人夸耀自己家世显赫。比喻不自量力，夸口说大话。

皮之不存，毛将安存

意谓事物如果没有了赖以存在的基础就没法存在。

漂亮话好说，漂亮事难做

漂亮的话是很容易说的，但要把事情办得漂亮就难了。

贫不学俭，卑不学恭

贫穷人家用不用学习俭朴，自然会俭朴；地位低下的人用不用学习谦恭，自然会谦恭。指社会经济地位影响人们的生活习惯。

贫不学俭，富不学奢

指贫困时不想节俭也会节俭，富裕时不想浪费也会浪费。换句话说，人富有了，不学奢华也会奢华；人贫穷了，不学节俭也会节俭。这是因为经济条件好坏会影响到人的生活习惯和行为。

贫极无君子

指人贫困到了极点，就会不顾及道德规范，什么事也能做得出来。

贫居闹市无人问，富在深山有远亲

居：住。闹市：繁华热闹的街市。指人贫穷的时候，就是住在闹市也不会有人理睬；人富有了，就是住在偏僻的山村里，也会有人来攀附关系。也指疏远贫贱，奉承富贵。比喻世态炎凉，人情淡薄，只认钱不认人。

平地不行船，无风不起浪

意谓事情的发生总是有一定的根源。

平地一声雷

形容惊人的事情突然发生。

平生不做亏心事，世上应无切齿人

指一辈子不做亏心事，不会让人痛恨。

平原出叫驴，山里出凤凰

指条件好的地方也会出庸俗的东西，条件不好的地方反而会出珍奇的宝物。常比喻穷乡僻壤出杰出的人才。

平原走马，湖上荡桨

生活在平原上的人会骑马，生活在湖上的人会划船。指不同环境的人各有各的特长。

破车多揽载

揽：兜揽。指虽然是破车，却喜欢运载货物。比喻能力不高的人，却喜欢多承担事情。

破山中贼易，破心中贼难

打败山中的匪徒容易，破除心中的邪念很难。

蒲鞋着袜两边穷

穿着草鞋，鞋和袜磨损得都快。比喻方法不对劲，会两头遭受损失。

Q

七口子当家，八口子主事

当家：主持家务。比喻每个人都有自己的主张，最后谁也做不了主。也比喻指挥办事的人过多，无所适从。

七岁看大，八岁看老

意谓一个人是否能成才，在他七八岁的时候就可以看出来了。

骑马一世，驴背失脚

意谓有经验的人也会有失误的时候。

骑着驴骡思骏马

驴骡：驴子和骡子，农业上驮运的畜力，奔跑比不上马。骏马：好马。指骑着驴子或骡子，还想骑高头骏马。比喻人的欲望是无止境的。

骑着驴找驴

比喻拿着东西，却误以为丢失，四下去寻找。

棋高一着，缚手缚脚

比喻与比自己高明的对手较量，到处觉得处于被动的地位。

棋要一步一步地走，事要三思而后行

指做事和下棋一样，要反复思考，一步一步来，不可操之过急。

乞儿不辱马医

乞儿：讨饭的。马医：兽医。指同是卑贱的人，互不相辱。古时叫花子和兽医被认为职业卑贱，他们的身份地位差不多，相互都不轻视对方，可以和睦相处。

起头容易结梢难

起头：开头，开始。梢：尾。结梢：结尾，结束。指事情开头容易，但要有完美的结局就很困难。

砌墙千朝，拆屋一日

比喻毁坏容易，建设却不易。

千尺有头，百尺有尾

指事情总是有它的原委，不会平白无故地发生。

千穿万穿，马屁不穿

穿：拆穿，显露。马屁：拍马屁，即甜言蜜语、百般奉承，指阿谀讨好的行为。指什么事情最终都能真相大白，只有奉承话不易拆穿。也指人们通常乐意接受讨好自己的言行。意在提醒人们，人们都爱听别人的奉承话，对此应有所戒备。

千斤担子万人挑

一千斤的担子一万个人挑。意谓只要大家齐心合力就能战胜困难。

千钧势易压，一柱力难撑

千钧之势可以压倒一切，一根木头不能支撑起大厦。只靠一个人的力量很难办成大事。

千里之堤，溃于蚁穴

堤：堤围。溃：大水冲开堤坝。穴：洞。指千里长的大堤，会因一个小小的蚂蚁洞而引起溃决。比喻小问题不注意或没引起重视，就会酿成大错，造成巨大损失。

千里之行，始于足下

行：行程。足：脚。指一千里的路程从脚下第一步开始。比喻事业要想取得成功，必须从眼前的小事开始做起。告诫人们,伟大的事业是从小事着手,逐步积累而成的。

千难万难,依靠群众就不难

指依靠群众的力量,什么难事都办得成。

千年的大道走成河

指大道经过人们长时间的行走,会成为一条河道。

千年的野猪,老虎的食

意谓弱者最终逃脱不了被强者吞食的命运。

千求不如一吓

求:请求。吓:吓唬。指多次或反复请求,比不上吓唬一次有效果。

千人推门,不如一人拔关

上千人推门,不如一人拔掉门栓。比喻找窍门比用蛮力更能把事做好。

千人所指,无病而死

指受到众人的指责,就是不生病,也活不长久。比喻众怒不可犯。

千条金竹织小篮,看来容易做起难

指事情看起来简单,做起来就会有困难。

千虚不抵一实

虚:虚假。抵:代替,相当。实:确实,真实。指一千个假的,也比不上一个真的。也指一切虚假的东西经不起真实的考验。换句话说,费尽心机弄虚作假,比不过事实确凿。

千丈长绳,从头搓起

比喻万事都得从头做起。

千丈麻绳总要有个结

结:疙瘩。指麻绳再长,也有一个结扣。比喻无论事情拖多久,最终总会有了结的时候,总要有个结果。

千中有头,万中有尾

指不管什么事,即便再错综复杂,总是有头有尾的。也指一个团体,总会有领导有部下的。

千琢磨,万琢磨,牛蹄子总归是四个

比喻无论怎么想,道理只有一个。

牵一发而动全身

拉动一根头发就能带动全身。意谓触动很小的部分,足可以影响到全局。

前不见古人,后不见来者

向前看不到已逝的古人,向后又看不到后来之辈。意谓人或事空前绝后。

前不算,后要乱

指事前不能好好谋划,在办理过程中就会出现问题。

前不着村,后不着店

着:挨上。指前面没有村落,后面没有客店。比喻走到荒郊野外,周遭无人,处境困难。

前朝的曲子奏不得

比喻过时的办法就不能再用了。

前车覆,后车戒

前面的车子倾覆了,后面的车子就得引以为戒。比喻前面的失败,可作为以后的教训。

前车之鉴,后事之师

后车应该从前车的经验教训中吸取教益。意谓后人应把前人的教训作为借鉴,避免犯同类错误。

前门拒虎,后门进狼

拒:抵挡。指前门刚赶走老虎,后门又进来恶狼。比喻刚除掉一帮坏人,又闯进来另一伙坏人。也比喻刚解决一种灾难,紧接着又出现了另外一种灾难。

前人吃跌,后人把滑

前边的人跌倒了。后边的人要踩稳脚步,防止滑倒。意谓后人当从前人的失败中吸取教训。

前人田地后人收,犹有收人在后头

指前人创业,后人得益。

前晌打伞遮不了后晌的雨

比喻时过境迁,前边做过的事情不能解决后来又浮现出的问题。

前事不忘,后事之师

意谓过去的经验教训,可以作为今后行事的借鉴。

前有车,后有辙

车驰过之后,会有车辙。比喻前人的作为,会给后人带来榜样或借鉴。

钱到手,饭到口

指送到手的钱,谁也会占;送到口的饭,谁也会吃。比喻爱贪便宜是人的通病。

钱聚如兄,钱散如奔

指有钱时像待兄长般地尊敬你,没钱时见到你就逃掉或惟恐躲避不及。说明人情势利,嫌贫爱富。

钱能成事,也能败事

指钱用得恰当可以把事情办成,用得不恰当反而会坏事。

钱亲人不亲

说明认钱不认人。形容人情势利。

浅水藏不得蛟龙

蛟龙:龙的一种,得水,能兴云作雾,腾跃太空,常比喻才能出众的人。也比喻小地方留不住有才能的人。

欠字压人头

指债务的压力很重。

枪打出头鸟

出头:领头,在最前面。比喻带头的人往往是首先被打击的对象。换句话说,冒尖的人容易被打击,容易先遭灾惹祸。

强按牛头不喝水

形容强迫一个人做他不愿意做的事是无济于事的。

强宾不压主

说明前来归附的强者不能超过主人的位置。

墙倒众人推

比喻人一旦处于劣势,众人就会趁机给予沉重打击。换句话说,一旦失势倒霉或遭遇不测,一些势利小人就会趁机打击。

墙里开花墙外红

意谓人或事物在内部或当地不受到重视,在外面或远处却十分流行受捧。

墙上画马不能骑,纸上画饼不充饥

指口头上的承诺不能带来实际的好处。

敲门砖,不值钱

说明敲门砖只是追名逐利的工具,一旦达到目的,便丢弃掉。

桥坍压不死柳条鱼

柳条鱼:小鱼。意谓在大动荡中,小人物不会陷入绝境。

巧妇难为无米之炊

手再巧的媳妇,没有米也做不成饭。指再有本事的人,缺乏必要的物质条件,也办不成事。

巧诈不如拙诚

指再巧妙的欺哄蒙骗也比不上朴拙的诚实。也指施展巧妙的骗术,虽能一时得逞,但终究会败露,比不上诚实守信好。

巧者多劳拙者闲

指能干的人干得多、劳累多,而笨拙的人,反倒清闲无事。

亲不间疏,先不僭后

疏远的不离间亲近的,后来的不超越先来的。

亲不亲,钱上分

指旧时人情势利,有钱就亲,无钱就疏。

亲戚门外客

指家庭内部发生矛盾,亲戚就像门外客人一样,不便过问。

亲戚远来香,隔房高打墙

指难得见面的亲戚特别受欢迎,邻居间不打交道可避免摩擦。换句话说,远方来的亲戚,因相距很远,平时又不常走动,见面就会觉得特别亲切。邻居间少往来,就会少生事端。

亲向亲,故向故

亲:亲戚。故:故交,老朋友。向:偏袒。指亲戚或老朋友之间总是相互照应的。换句话说,亲戚朋友之间要互相扶持,遇到困难要同舟共济,同甘共苦。

勤人活路多,懒人瞌睡多

勤快的人爱干活,总能找到活;懒惰的人则成天无事可干,老是打瞌睡。

勤人急在腿上,懒人急在嘴上

勤劳的人喜欢干活,懒惰的喜欢爱吃喝。也指勤快人的忙于做事,懒惰的人只会耍嘴皮子,不干实事。

擒虎容易纵虎难

意谓强敌捉得放不得。

擒贼先擒王

抓贼先要抓贼的首领。意谓做事先要抓住要害,抓住关键。

青竹蛇儿口,黄蜂尾上针

青竹:指毒蛇竹叶青。指像毒蛇竹叶青咬人的嘴那么狠,像黄蜂蜇人的毒刺那么毒。比喻此人没有善心,心肠特别狠毒。

清茶胜酒,友谊更久

指清茶胜过美酒,友谊更加长久。也指君子之交,清淡如水,情意深厚。

清者自清,浊者自浊

清白的就是清白的,污浊的就是污浊的。意谓是非善恶是客观存在的,不容混淆。

晴带雨伞,饱带干粮

指眼光要放得长远一些,没事时要提前做好有事的准备。

穷人饿死,富人撑死

指社会贫富之间的巨大悬殊。

穷算命,富烧香

指旧时穷人爱算命,想早日交好运;富人爱烧香,祈祷永远富贵。

求出来的雨点是不大的

指祭神祈来的雨不会大。常用来比喻乞求来的东西不会多。

求佛求一尊

比喻求人要认准了求一个人,不要到处乱求。

求人如吞三尺剑

指求人办事得学会忍气吞声。

求神难于上天,犯神易如踏地

比喻求人难而得罪人容易。

求生不得,求死不能

形容处境非常艰难。

求贪官不如求四邻,求昏君不如求众人

贪官:贪污受贿的官吏。指求贪官昏君评理,不如去找老百姓。

曲木忌日影,谗人畏贤明

意谓谗言小人害怕道德高尚的人,就如同弯曲的树木不喜欢阳光下歪斜的影子一样。

曲突徙薪亡恩泽,焦头烂额为上客

曲突:把直烟囱改造为弯曲的烟囱。徙薪:把柴火从灶前搬离开。亡:没有。指建议从根本上防止火灾的人得不到奖赏,发生火灾后救火受伤的人却被敬为上宾。告诫人处理问题要防止颠倒主次。

屈死不见官,冤死不告状

古时指官府衙门认钱不认理,老百姓宁可冤屈而死,也不去告状。

趋吉避凶者为君子

旧指君子善识时务,能投向善境,避开凶险。

去年的皇历看不得

比喻不可以因循守旧,按老办法做事。

去佞如拔山

佞:佞人,惯于花言巧语奉迎谄媚的小人。指除掉佞人,难如拔山。

犬守夜,鸡司晨

守夜:夜间守卫门户。司晨:主管早晨打鸣。指狗夜晚看守门户,公鸡主管清晨打鸣。比喻各自都有不同的职责范围。

雀捕螳螂人捕雀,有心人对没心人

黄雀只顾着捕捉螳螂,却忘了人要捕捉黄雀。意谓一心想陷害他人,却又遭到他人的算计。

R

染缸里拿不出白布来

比喻不好的环境里出不了好人才。

饶人是福,欺人是祸

饶:宽恕。指遇事能够忍让,宽恕别人并不说明自己傻,事情过后自然能得到好处。比喻遇事要宽容。

人不保心,木不保寸

人不能保证心不变,树不能保证每一寸都是好木材。指人心多变,要多加防范。

人不出门不长见识

指人应该走出家门,到广阔的社会去经风雨见世面,这才能增长见识。

人不凭嘴,马不凭尾

看一个人不能光听他外表上说得好不好,就像看一匹马不能单看尾巴长得好看不好看一样。

人不亲行亲

指同一行业的人,不论亲疏,在感情上总是相通的。

人不亲艺亲,艺不亲刀柄亲

艺:这里专指武艺行道。指同样是习武的人,彼此之间应相互体贴照应。

人不求人一般高

指人要是无求于人,自然就不会看人家眉高眼低,就不会受制于人。

人不人,鬼不鬼

形容人生活穷困潦倒,处境艰难。

人不说不知,木不钻不透

指不把话说透彻,别人就不明白,如同木头不钻就穿不透一样。

人不说话理说话

指有理的人即使不吱声,理也会为他说话。

人不死,债不烂

指借人的债,只要借债人不死,这债迟早总是要还的。

人不为己,天诛地灭

诛:杀。灭:消灭。指人做事不为自己着想,就为天地所不容。这反映了极端利己主义思想。

人不要脸,百事可为

指人要是不顾羞耻,那就什么下流事都会做出来。

人不在大小,马不在高低

指人有没有本事不在于个子或年纪大小,就像马有没有力气不在于身材高低一样。

人不走运,喝口凉水都塞牙

形容身处逆境的人事事碰壁。

人串门子惹是非,狗串门子挨棒槌

串门子:到别人家里闲坐聊天。是非:矛盾,纠纷。指经常去他人家闲坐聊天会招来是非,狗乱串门子就会遭打。换句话说,串门聊天,容易议论别人,所以容易招来麻烦。

人到何处不相逢

指人和人说不定在哪儿就会相见的。

人到难处,就如虎落深坑

比喻人遇到困境时束手无策的样子。

人到穷途迷信多

指人到了走投无路的时候,最容易讲迷信。

人到事中迷

指人遇到事,常常头脑发热,不会冷静地观察和思考。

人到四十五,好比出山虎

意谓人到四十多岁,筋骨正壮,干起活来像出山猛虎一样。

人到一万,无边无岸;人到十万,彻地连天

指一万人马排列在一起,看不到尽头;若是十万人马,声势更是惊天动地。

人的欲望是没有止境的

形容人的欲望没有穷尽,很难满足。

人定胜天

指人的力量强大,能够战胜自然。

人心都是肉长的

说明人都是血肉之躯,抵御外来的刺激或疾病的能力有限。也指凡是人都有共同的本能。

人多进出理,田多长出米

人多议论多,会有很多道理,就像地多了能多打粮食一样。

人多力量大,柴多火焰高

指众人团结起来力量就大,就像柴多燃烧起来火焰就高。

人多乱,龙多旱,鸡多不下蛋

指人多如果协调不好,办事反而功效不好。

人多为王

意谓人多势众者可以称王。

人多无好饭,猪多无好食

指吃饭的人多了,饭菜就粗糙。也指坐享其成的人多了,利益就会受到影响。

人多瞎捣乱,鸡多不下蛋

指人多意见分歧,互相推诿,成不了事;正像鸡多了养不过来,反而下不了蛋一样。

人多心不齐

指人多了,各有各的打算,很难做到思想一致,行动一致。

人多一技有益,物裕一备有用

人多学会一种技艺总会受益,东西准备得富余一些总会派上用场。

人恶鬼不缠

恶:凶暴。指人如果凶暴,鬼也不敢来惹事。也指什么都畏惧的人,邪恶小人也不敢冒犯他。

人犯王法身无主

指人要犯了国法,便完全失去了自身的自由。

人各有心,心各有见

指人各有各的心志,各有各的见地。也指遇事不要强求别人的意见和自己的统一。

人跟踏生转,狗随捉来人

踏生:也称托生,迷信认为人死又会轮回转生。指人托生到哪家就是哪家,富贵贫贱由不得自己,就像狗生下来谁捉去就属谁家一样。

人害人,天不容;天害人,草不生

古时指人想害人却不得逞,老天要给人降灾,谁也逃不了的。

人好水也甜

指人和好,喝口水也是甜美的。也指人好会使各方面都满意。

人活年轻,货卖时新

指人年轻时最风流,货时新最畅销。也指人生最美好的时期是青春时期。

人活心，树活根

意谓人活着就得有良心，就像树活着靠的是树根一样。

人活有体，人死有尸

指人活着有他的躯体，人死了有他的尸首。古时刑事案件中验明身份的常用语，即“活要见人，死要见尸”的意思。

人祸好挡，天灾难敌

指人招惹的祸事容易抵挡，天降的灾殃实难逃脱。旧时认为任何人都难以躲避上天的惩罚。

人急办不了好事，猫急逮不到耗子

人性子急了就不容易把事办好，这同猫性子急了捉不住老鼠是一个道理。指做事得有耐心。

人急造反，狗急跳墙

造反：采取反抗行动。指人要是被逼迫得没有办法，就会采取激烈的反抗行动；狗要是被逼迫得走投无路，就会不顾一切地跳墙而逃。也指人受情势威逼过分，会感到绝望，会铤而走险，采取过激行动。

人急智生

指人到紧急关头，就会有解决问题的应急策略。

人间私语，天闻若雷；暗室亏心，神目如电

指暗地里做亏心事，天神的眼睛可以像闪电一样的亮，看得一清二楚；人们说悄悄话，老天的耳朵可是灵聪的，听到得像打雷一样的响。比喻不能做亏心事，不能说昧心话，否则总遭到报应的。

人将礼义为先，树将枝叶为圆

指为人处世应把礼义摆在首位。

人敬我一尺，我敬人一丈

指别人对我好，我要加倍地好好报答他。

人看起小，马看蹄走

一个人是否有作为、抱负，从小就能看出来，就像看一匹马是否强健，从马蹄上就可看出一样。

人靠好心，树靠好根

人心地好，就可以活得高尚；树的根好，就可以长得茂盛。

人可以和虎狼搏斗，却无法和苍蝇争吵

指人可以和强大的敌手作拼死搏斗，却无法和卑劣的小人讲情论理。

人苦不知足，得陇复望蜀

陇：今甘肃省东部。蜀：今四川省中西部。指人的贪欲很难满足，平定了陇地，又想攻取西蜀。形容人贪心很大，得寸进尺。

人老恋故土，叶落还归根

意谓人老了就会眷恋起故乡来，就像树叶凋落后总是聚集在树根旁一样。

人老一时，麦老一晌

指人生短暂，转眼间就老了。

人离乡贱

指人离开了家乡，流落到他乡，会感到自己地位低下，受人欺侮。比喻人离开本乡本土，失去了原来的地位、声望，容易受人轻视。

人没前后眼

比喻人能看清眼前发生的事，却很难预料将来发生的事。

人面咫尺，心隔千里

咫：古代称八寸为咫。咫尺：指距离很近。比喻人各怀心思，真心难以了解。也比喻距离虽近，但两人之间的思想情感却非常疏远。换句话说，人虽然彼此之间朝夕相处，距离很近，相互之间的想法却差之千里。

人暖腿，狗暖嘴

指人只要腿部得到温暖，全身就会暖和；狗只要嘴得到温暖，全身就会暖和。换句话说，人冷先冷腿，所以天冷时先注意腿部保暖；狗冷先冷嘴，所以天冷时狗总是把嘴藏在腹下。

人怕齐心，虎怕成群

万众一心，团结起来，就如同猛虎成群一样，力量巨大无比，不可战胜。

人怕人情鬼怕法

法：法师的法术。指人讲了情面，就很难处理好事情。

人皮包狗骨

指外表是人，内心是狗。比喻空有人的外表，品行却相当恶劣。

人贫智短，马瘦毛长

指马瘦弱时显得毛长；人穷困时，往往因生活条件差，脸上显出蜡黄色。

人欺不是辱，人怕不是福

指受人欺负并不耻辱，让人畏惧并不是有福分。比喻能忍辱负重是有修养的表现，并不见得是件坏事；别人害怕自己则会招来祸端，可不是件好事。

人情大似圣旨

人情：人的情面。圣旨：皇帝的命令。指人的情面比圣旨的作用还大。比喻请人办事时人情非常重要，可以超越常规，起决定作用。

人情大于法度

指人情的作用凌驾于法律之上。

人情似纸张张薄，世事如棋局局高

人情：人与人之间的情谊。世事：世间的事情。指人的情谊像纸一样薄，世事像棋局一样每盘都不同。比喻人情淡薄，世事多变。

人穷志短，马瘦毛长

指人贫困了容易显得缺少志气，就像马瘦弱了容易显得毛长一样。也指人处境艰难时行为常常会变得没有志气。比喻人贫困无奈的时候，做事就会显得没有骨气。

人人都爱听好的

指无论什么人都爱听别人奉承自己的话。

人人心里都有一杆秤

指不管是谁，对那些客观存在的人和事物，都有自己的看法和评价。

人人有本难念的经

指不论是谁，都有棘手难办的事。

人人有面，树树有皮

人都有自己的脸面，这同每棵树都各有自己的树皮一样。指每个人都爱面子，都有自己的尊严。

人善有人欺，马善有人骑

指善良老实的人会被人欺侮，就像马性温良就会成为人的坐骑一样。比喻人过分老实善良，容易被人视为懦弱无能而受人欺负。告诫人们要刚硬一些，才能免受欺侮。

人少畜生多

形容好人少、坏人多的情况。

人身难得，至道难闻

至道：最彻最悟的教义。指人来到世上不容易，能领悟至道更是难上加难。

人生不得行胸臆，虽活百岁尤为夭

意谓人活世上如果不能实现自己的理想，即使活到一百岁还是像早夭一样。

人生难得，大道难闻

大道：指佛教教义。意谓人活在世上不容易，而要彻悟佛教真谛更不容易。

人生难遇少年时

指人生最美好、最幸福的时期是青春少年。

人生七尺躯，畏此三寸舌

七尺躯：指成年人的身体。三寸舌：指人的舌头。一副高大的身躯，三寸之舌能使他死于非命。指人们惹祸杀身，常常是由于说话大意。

人生三不幸：从小丧父母，半路死妻子，临老死子女

指小时死去父母，无依无靠；中年死去妻子，无人持家；老年死去子女，无人养老：是人生的三大不幸。

人生三大苦，行船、打铁、磨豆腐

古时指行船、打铁、磨豆腐，是最劳累的三个行当。

人是线牵的，马是纸做的

人是线牵的木偶，马是纸糊的假马。意谓一切都是虚假的、不可靠的。

人熟狗不咬

指人熟悉了，狗见了也不咬。也指熟人容易办事。

人熟是一宝

指办事要办得顺利，人熟是一个重要因素。

人死不结怨

指人死仇解,生者不同死者再结冤仇。

人死留名,豹死留皮

人死要留个美好的名声,豹死要把珍贵的皮毛留给世间。指人活一世,要留下美名,不能苟且偷生。

人死如猛虎,虎死赛绵羊

指人死了样子很吓人,猛虎死了却没人再害怕。

人死入土为安

指人死后埋入土中,是对死者最大的安慰。

人死债入土

古时指人死了,债务也就不复存在了。

人死账烂

指人一去世,欠的账也就勾销了。比喻人一旦死了,所欠的债务也就一笔勾销,无须偿还了。

人虽有千算,天只有一算;天若容人算,世上无穷汉

古时指人的打算再精明,也拗不过上天的安排,如果不是这样,天底下便没有穷人。

人抬人高,水抬船高

指人得到人的捧场和帮助,声望和地位就会提高,如同水涨船高一样。

人同此心,心同此理

指人的思想以及认识事物的方法,基本点总是相同的。

人托人,接上天

指人情辗转相托,最终可以走通最有权势人的门路。

人外有人,天外有天

指能人后面还有能人,高天之外还有高天。也指不应该自满自大。

人未伤心不得死,花残叶落是根枯

意谓人没伤着心就不会死亡,就如同花叶凋落是树根枯死的一样。

人无横财不富,马无夜草不肥

旧时认为人没有不义之财不会致富,就像马不吃草料长不肥壮一样。

人无利己,谁肯早起

指对自己没有好处的事,不会积极主动地去做。

人无前后眼

指人看不到身后发生的事。比喻暗算难防。

人无完人,金无足赤

完:完美,没有缺点。足赤:成色十足的金子。指人没有十全十美的,就像金子没有成色十足的一样。换句话说,人都有缺点,不能严格苛求。

人无远虑,必有近忧

虑:考虑。忧:忧患。指人如果做事没有长远周密的考虑,就一定会有忧患来到眼前。

人想人,愁煞人

指想念是件非常愁苦的事。

人心不足蛇吞象

指人的贪心没有满足,就像蛇妄想吞吃大象一样。比喻人贪得无厌。

人心藏在嘴后边

意谓人嘴里说的和心里想的是不是一致,非常难确定。

人心隔肚皮,做事两不知

指人心里所想的从外表看不出来,很难猜测他要做什么事情。

人心换人心,四两换半斤

意谓要将心比心,用自己的真情换取他人的真心。

人心难测,海水难量

指人心很难猜测,就像海水难以估量一样。

人心难摸,鸭肫难剥

肫:鸟类的胃。指人的心思最难猜测。

人心要实,火心要虚

说明人心要诚实,诚实好立身;火心要空虚,空虚火才能烧得旺。

人心易昧,天理难欺

指人做昧良心的事容易,但天理却是容不下欺骗的。

人行有脚印,鸟过有落毛

指人走过的地方会留下脚印,鸟飞过的地方会留下掉落的羽毛。也指做任何事情都会留下痕迹。比喻凡事都有迹可循。

人言可畏

人们在暗地里的议论很让人提心吊胆。现今多用来指流言蜚语。

人眼是杆秤

指众人观察与评价人和事,公平得像用秤称一样。

人要知足,马要歇脚

指人要知道满足,不可贪得无厌;马要跑跑歇歇,不能无休止地奔跑。

人要自爱,才能自尊

指人要想得到别人的尊重,必须先对自己严格要求。

人要走时,狗要逢主

旧指人想做成事得有好运气,狗要受宠爱得有个好主人。

人要做了官,一步两层天

指人一旦当上官,地位和名气立马就会急速上升。

人有害虎心,虎有伤人意

意谓自己想伤害别人,别人也想伤害自己。

人有人言,兽有兽语

指人有人的语言,禽兽也有禽兽的语言。比喻好人和坏人说话不一样。换句话说，人以群分，物以类聚，同类之间如果志趣相同的话才会有共同语言。

人有三尺长，天下没落藏

指人有身体躯壳，很难隐藏而不被发现。

人有三分怕虎，虎有七分怕人

比喻好人虽有点忌惮恶人，可恶人更害怕好人。换句话说，邪恶势力虽然可怕，但邪恶势力更怕正义的力量。意在鼓励人们要保持勇气，要与貌似强大的恶势力斗争到底。

人有三灾六难

指人生在世，避免不了要遭受到某些意想不到的灾难或不幸。

人有善愿，天必从之

指人有好的心愿，上天一定会成全他、保佑他，帮他达到愿望。

人有生死，物有毁坏

说明人有出生，也有死亡，东西也一样，都有毁坏的时候。也指东西会被毁坏就像人有生死一样自然。这也是器物的主人劝慰无意中毁坏器物的人，不必过分自责，什么东西都有始有终，都不可能永远完好无缺的话。

人在矮檐下，不得不低头

指人处在低矮的屋檐下面，只能低头走路。比喻受制于人，只能忍气吞声。也比喻处在别人的权势之下，受制于人，只得屈服从命。

人走时气马走膘，骆驼单走罗锅桥

时气：时运。膘：牲畜身上的肥肉。指人走运时事事顺利，就像马吃什么都长膘一样。

仁者见仁，智者见智

仁者见了说它是仁，智者见了说它是智。说明对待相同的事物，得出的见解却不同。

忍得一时忿，终身无恼闷

指遇上令人气愤的事情，要忍耐克制，就可以一辈子没有烦恼和苦闷。意在提醒人们，遇到不顺心的事，要善于驾驭自己的情绪，不要贪图一时的痛快而过于冲动，以至于事后追悔莫及。

忍字中间一把刀，不忍分明把祸招

说明遇事要忍耐克制，否则会招致灾祸。

任凭风浪起，稳坐钓鱼船

任凭：无论，不管。指不管风浪有多大，自己仍稳稳当当地坐在船上钓鱼。比喻遇到风浪要沉着冷静。也比喻处在险恶的环境中，要镇静自若，胸有成竹，不要受外界的影响。

认真省气力，弄巧费工夫

说明为人处事真诚直率既省力又省心，弄巧使奸往往会白费工夫。

日计不足，岁计有余

日：天。计：计算。意谓日积月累，积少成多。

日久见人心

说明时间长了,便可看出人心的好坏真假。

日有所思,夜有所梦

指夜晚梦见的经常是白天所思考的。

日有阴晴,月有盈亏

意指太阳有直射无碍的时候,也有乌云遮没的时候;月亮有圆的时候,也有缺的时候。比喻事物总是在发展,有兴盛的时期,也有衰败的时期。也比喻没有十全十美的事物。

日月经天,江河行地

日月天天运行天空,江河天天流过大地。意谓光明正大或永存不废。

日中则昃,月满则亏

昃:日西斜。太阳正午之后就开始西斜,月亮满圆之后就要亏缺。意谓事物达到了极限必然会走向另一面。

容易得来容易舍

指容易得到的东西,不被珍惜,也就容易失去。

柔能胜刚,弱能胜强

柔弱常常能打败刚强的人。意谓解决问题时,温和的态度更能降服人。

肉包子打狗,一去不回头

比喻东西一旦给别人就收不回来。也比喻人一走掉就再也不会回来。

肉不烂,再加炭

比喻不成功是因为工夫没下够,要继续努力。

肉腐出虫,鱼枯生蠹

肉腐烂了才会生虫蛆,鱼干枯了才会被虫蛀。意谓内因是一切变化发展的依据。

肉里有脓总要凸出来

比喻如果有问题,终究会暴露出来。

肉眼看人,难见心肝

意谓只通过外表去观察他人,很难认识到他真正的内心世界。

如人饮水,冷暖自知

意谓自己直接经验过的,自己最了解。

入山不怕伤人虎

指既然有勇气进山,就不怕吃人的老虎。比喻人要敢作敢为,不畏艰险。

入山不怕伤人虎,就怕人情两面刀

指不怕跟凶悍者面对面的较量,就怕遭到两面三刀的小人暗算。

入山擒虎易,开口求人难

告人:向人请求借钱。指开口向人借贷,比上山捉老虎还难。比喻向人借贷非常困难,只有迫于无奈,万不得已才去做。

入田观察,从小看大

从庄稼的长势可以预测年底的收成,从一个孩子的言行可以预见他未来的行为。

软刀子割头不觉死

比喻阴险狡猾的人暗中害人，受害的人还不知道。

软刀子杀人不见血

软刀子：指使人在不知不觉中受到折磨或腐蚀的手段。比喻用不为人察觉的阴险手段害人。换句话说，害人的手段阴险毒辣，害了别人却让他察觉不到。

软绳可以捆硬柴

绳子虽软可以把硬柴捆住。比喻用柔和的办法可以制服强硬的人。

若将容易得，便做等闲看

等闲：平常。指如果事情很容易办成了，便会被认为是很平常的事。也指容易得到的东西，常常不被重视，历尽千辛万苦得到的东西，才受人重视。

若无高山，不显平地

指只有通过比较才能找出差别。多指没有好的，就显不出差的。

若无渔夫引，怎见得波涛

意谓没有在行的人领路，事情就不好办成功。

若要不怕人，莫做怕人事

指要做光明正大、不怕人看见的事。

若要立地成佛，须放下刀子去

要想成佛，必须放下屠刀。意谓要想变成好人，必须不再做坏事。

若要人不知，除非己莫为

为：做。指如果不想让别人知道自己做坏事，除非是自己根本不去做坏事。也指事情只要做了，就瞒不了，总会被人发现。劝诫人们，做事不要自欺欺人。

若欲不忙，浅水深防；若欲无伤，小怪大禳

禳：古代祈祷消除灾祸的活动。如果想要不手忙脚乱，浅水要当深水来防备；如果想要不受伤害，小的怪异要当做大的怪异禳除。意谓做事要加强防备，把祸患消灭在萌芽阶段。

若知牢狱苦，便发菩提心

假如能早知道干坏事要受牢狱之苦，便会发善心，不做坏事。劝诫人不要做坏事。

弱不可以敌强，寡不可以敌众

弱者抵挡不了强者，少数人打不过多数人。

S

塞翁失马，祸福难知

边塞上的老翁丢了马，不知是祸是福。指祸福难测，好事和坏事总是可以互相转化。

三不拗六

意谓少数人不能违拗多数人的主张。

三长补一短,三勤带一懒

指人的优点多了就可以弥补自身的缺点,勤快的人多了就可以带动懒惰的人。

三锤砸不出一个响屁

锤:锤子,敲打东西的工具。指打他三锤子也打不出一个响屁来。比喻人非常老实、愚钝,不爱说话,沉默寡言或拒不开口。

三打不回头,四打连身转

意指人生就是性懦弱的。

三个秀才讲书,三个屠夫讲猪

指三个读书人走到一块就谈论读书,三个杀猪人凑到一起,便谈论与猪有关的事。比喻哪一行业的人到一起就会谈论哪一行业的事情。换句话说,物以类聚,人以群分,干同一行的人走在一起就说自己本行的事。

三公后,出死狗

三公:古代三种最高官职的合称。旧指权贵显赫人家的子孙往往没有大出息。比喻养尊处优易使人堕落。

三姑六婆,嫌少争多

意谓古时三姑六婆十分贪财,捞钱只觉得少不觉多。

三魂不附体,七魄在他身

道家认为人有三魂(胎光、爽灵、幽精)七魄(尸狗、伏矢、雀阴、吞贼、非毒、除秽、臭肺),三魂不在自己身上,七魄跑到别人身上。意谓丧魂落魄,不由自主。

三魂既去,七魄无依

三魂离躯壳而去,七魄无躯壳可依。意谓人已经归西。

三尖瓦绊倒人

三尖瓦:破瓦片。指几块碎瓦片能使人跌倒。比喻细小的事情能妨碍人走向成功,使人遭受挫折。也比喻看不到眼里的小人物有时也能扳倒大人物。

三年不上门,当亲也不亲

上门:登门拜访。指长期不来往,亲戚之间的关系也会疏远。

三年长一寸,雷响缩一尺

意谓人生性拙,就像黄杨树一样,几乎不会有长进。

三人成虎

指有三个人都说有虎,听的人就当真了。比喻本来没有的事,说的人多了,就能以假为真。

三十六计,走为上计

原指在战争中由于无力抵抗对方,在三十六计中,逃跑是最好的计策。现在泛指在陷入困境时以一走了之为上策。比喻事态已发展到无法挽回的地步,别无他计,只有一走了之。

三岁看老,从小儿定八十

从孩子小时候的性情、气度等表现就可以推断出他的未来。

三头不辨两

形容稀里糊涂、愚昧无知。

三一三十一

珠算口诀,即用三除十,得三剩一。意谓平均分成三份。

三折肱,成良医

多次折断胳膊就有了治疗的经验,就可以成为好医生。比喻多次受挫就会增长聪明才智。

三只腿的金刚,两个犄角的象

犄角:牛、羊等头上长出的坚硬的东西。长着三条腿的金刚护法神,长着两个犄角的大象。意谓碰到了从未见过的新鲜事。

散将容易聚将难

意思是散伙容易,要再聚集起来就不容易。

杀尽了报晓鸡,天还是要亮的

比喻任何人或任何倒行逆施的行为都无法阻止历史的前进。

杀了高粱才能露出谷子来

高粱秆比谷子秆高,砍掉了高粱才会露出谷子来。比喻要想认清事物的本质必须摆脱表面现象的影响。也指没有优秀的人才,平庸之辈就能显出来了。

杀人不见血

形容人手段阴险毒辣。

沙粒虽小伤人眼

比喻一些不起眼的东西也会给人带来伤害。

山不厌高,水不厌深

山不会嫌高,水不会嫌深。意谓虚心谦恭。

山川而能语,葬师食无所

葬师:指相坟地的风水先生。此谚语的意思是,如果山川会说话,便没人信葬师。比喻虚假和错误经不起检验。

山大压不住泉水,牛大压不死虱子

比喻人的力量再强,也有力所不及的地方,也有无能为力的时候。

山顶有花山下香

比喻美好的事物影响范围很广。

山恶人善

指山势险恶,但山中人却往往善良。比喻人相貌丑陋,心地往往善良。

山高高不过太阳

指山再高也比不过天上的太阳高。比喻地位低的人总是赶不上地位高的人。

山高有个顶,海深有个底

比喻任何事物都有一定的极限,都是可以探究的。

山高有攀头,路远有走头

比喻目标越远大,越能增加毅力,成就也越显著。

山高遮不住太阳

指山再高也遮挡不住太阳的光辉。比喻地位低的人怎么也不能在地位高的人之上。也常用来比喻谎言掩盖不住真理,假象掩盖不住事实。

山高自有客行路,水深自有渡船人

山再高也有上山的路,水再深也有摆渡的船。比喻世上没有什么困难克服不了。

山河易改,禀性难移

意谓山川河流的面貌容易改观,而人的本性却难以改变。

山路山路,没有准数

指山路盘旋蜿蜒,看起来很近,走起来却很远,不能准确判断。

山怕无林海怕荒,人怕老来花怕霜

山上没有树林就不成为山,海中没有鱼类就不成为海;人老了就会无所作为,花遇到霜降就会凋谢。多劝诫人要保持生态平衡。

山上无大树,茅草招大风

大风刮来,没有大树的遮挡,茅草就会受到袭击。比喻没有资格的人,不够格的人也只好被拿来替用。

山外青山楼外楼,强中自有强中手

就像山外有山一样,技术高超的人当中也还有更胜一筹的人。意谓技艺的精深是没有尽头的,不可以骄傲自满。

山无界,直凭赖

指旧时山田无明确的界限,常发生赖占的事。

山再高也高不过两只脚

指只要敢于攀登,靠一双脚就可以登上任何一座高山。也比喻只要肯干,就没有办不到的事。

山在虎还来

比喻客观环境存在,就会有相应的事物产生。

山中方七日,世上已千年

神仙的日子才过了七天,人世间已经过了千百年。指生命短暂,时光如梭。也指世事变迁无常。

善恶必报,迟早有期

旧时认为不论是做了好事还是做了坏事都会有报应,只是时间早晚而已。

善恶到头终有报,只争来早与来迟

报:报应。意在告诉人们,不论做了好事还是坏事,都会得到相应的报应,只是时间的问题。这种说法虽然没有科学依据,但有劝人为善的含义在里头。

善人在座,君子俱来

本指正人君子在位,就会招引来四面八方的正人君子。比喻诗以佳句为主,自然通篇无败句。

善说不如善做,善始不如善终

指善于言谈的人比不过埋头苦干的人,开端做得好的人比不上坚持到底的人。

善有善报，恶有恶报

佛道认为，做了好事会有好的报应，做了坏事会有坏的报应，劝人要多做好事。

善有善报，恶有恶报；不是不报，时辰未到

古人讲报应，认为为善作恶都会有相应的报应，有时没得到报应，只是时间的早晚而已。

伤其十指，不如断其一指

指对敌作战，全面攻击使其受损，不如集中优势兵力彻底歼灭敌人的一部分。

上不巴天，下不着地

比喻身处困境。

上不上，下不下

意谓处境艰难，无路可走。

上船容易下船难

一旦上了船，遇到风浪，就很难下船。常指一旦走上邪路，就很难回头。

上肩容易下肩难

背东西背起来容易，放下去却不容易。指一旦担当了责任，就很难再抽出身去。

上马一提金，下马一提银

意谓待遇优厚。

上坡路吃力，下坡路好走

比喻人做到积极进取很难，想要消沉堕落却相当容易。

上山八条路，下山路八条

指上山的路和下山的路一样多。比喻不管有多少问题，总有解决问题的办法。

上山打柴，过河脱鞋

比喻遇到不同的问题，有不同的方法，不能一成不变，拘泥于俗套。

上山容易下山难

上山费力但不易出危险；下山虽然省力，但容易打滑失足发生危险。

上天无路，入地无门

形容处境特别艰难，没有出路。

上有横梁下有槛

比喻受到上下两个方面的约束。

上与王公并坐，下与乞丐同眠

指地位有时高，有时低。

上贼船易，下贼船难

比喻跟坏人一起干坏事容易，要洗手不干就难了。

烧的纸多，惹的鬼多

纸钱烧的越多，招来的野鬼就越多。比喻做事情考虑到的方面越多，招来的是非也越多。

烧香点茶，挂画插花，四般闲事，不宜累家

指富贵人家烧香、点茶、挂画、插花之类的事，自有指定的承办人去做，用不着主人费神。

烧香望和尚,一事两勾当

意谓做这一件事,却捎带着也做了另外一件事。

烧香引出鬼来

比喻做好事反而招来麻烦。也比喻动机好却换来了坏结果。换句话说,善意的行动目的导致了令人难以处理的麻烦事。

艄公不摇橹,误了一船人

比喻领头人甩手不干,就会误了集体的事情。

少不颠狂老不板

指年轻人要稳重不能轻浮,老年人要灵活不要古板。

少吃咸鱼少口干

比喻少管事情就少麻烦。

少年偏信,老年多疑

年轻人阅历少,易轻信别人;老年人经验多,瞻前顾后,不容易做出决断。指不论年轻、年老,考虑问题都不可能完全周到。

少所见,多所怪

意谓见识少的人,遇事总是大惊小怪的。

蛇有蛇路,鼠有鼠路

比喻每个人都有自己的生活手段。

蛇钻竹洞,曲心还在

比喻坏人的本性不可能改变。

舍命陪君子

指牺牲自己的生命来陪伴别人。也指为朋友做事,不辞劳苦,可以付出一切代价。

舍着金钟撞破盆

舍得用贵重的金钟去撞破盆。意谓不顾一切地去拼。

社鼠不可熏

社:指祭土神的地方。祭土神的地方都是竹木筑成,如果用烟火熏老鼠,会点燃社庙。比喻要清除君王左右的小人很难,弄不好会牵涉到君王。

赦者小人之幸,君子之不幸

赦:赦免。指国家对刑事罪犯实行赦免,只能对作恶小人有利,而对正直公民是不利的。也指惩处恶人,不能宽容。

涉浅水者得鱼虾,涉深水者擒蛟龙

比喻付出多大的劳作,就有多大的收获,要想做成大事业,就得下苦工夫。

身上有屎狗跟踪

比喻因自身存在某些弱点,而惹来坏人。换句话说,思想行为不端正,就会有坏人来引诱。

身在曹营心在汉

指蜀将关羽被曹操拘禁在自己的军营里，虽然受到优厚的待遇，但他仍想念着蜀汉。比喻人在这里，心却在那里。

深山藏虎豹，乱世出英雄

指动乱的年代会有杰出的人才出现或产生英雄豪杰。

深山藏虎豹，田野有麒麟

麒麟：古代传说中的走兽之冠。比喻在山林僻野间常常住有优秀的人才。

深山出俊鸟

比喻贫穷或偏僻的地方出了外貌俊秀的人才。

神不知，鬼不觉

觉：觉察。形容不容易察觉到。比喻有的人做事非常隐蔽，无人知晓。

神龙见首不见尾

传说神龙出现时，常常是露头不露尾的。意谓深沉的人物，行动往往令人难以捉摸。

神怕敬，鬼怕送

比喻好人怕受到他人的尊敬，坏人怕被他人赶走。

神仙不是凡人作

意谓不能作非分之想。

生成皮，长成骨

指习性是天生的。多用于贬义的环境中。

生东吴，死丹徒

东吴：指今江苏南部苏州一带。丹徒：在今江苏镇江南部。指东吴因物产丰富是居家处，丹徒因土质坚实适宜安葬。比喻苏州的环境好，生活舒适；丹徒土质如蜡，适宜安葬。

生姜还是老的辣，八角还是老的香

比喻老年人经验丰富，做事老到。

生米成了熟饭

指生的米已经做成了熟的饭。比喻已成定局，无法改变。

生娘小于边，养娘大于天

生娘：亲生母亲。养娘：抚养自己长大的奶妈。指养娘比生母的恩情更深。

生有益于人，死不害于人

意谓人活着要做有益于社会的事，死掉后不应该再贻害于人。

生于忧患，死于安乐

忧患可以使人生存发展，安逸享乐可以使人颓废灭亡。意谓要勤奋学习，不可以怠惰。

生在江湖内，都是薄命人

江湖：旧指四方各地。意谓到处流浪的卖艺人，命运都是相同的。

生在铁匠家能擂锤，长在木匠家会使锛

指人在特定的环境中自然而然就能学会某些技能。

生子痴，了官事

生了个痴呆儿，便可免去官府的差役。意谓为人处世憨厚一些，可保平安无事。

绳从细处断

比喻麻烦往往发生在最薄弱的环节上。

圣人也有三分错

即使圣贤也不可能十全十美。指人难免会犯错误。

盛喜中勿许人物，盛怒中勿答人简

大喜的时候，不要答应给他人东西；大怒的时候，不要给他人写回信。指人情绪过于激动时，处事容易不恰当。

失之毫厘，谬以千里

指一些极细小的错误，往往会造成重大失误。

施恩不望报，望报不施恩

指正派的人施给人恩惠，并不是为了报答；为了得到报答才施恩，不是真正意义上的施恩。

湿柴难点头把火，软路难闯新车辙

比喻软弱无能的人，很难开拓创新。也指在闭塞的环境里很难接受和容纳新鲜事物。

湿柴怕猛火，猛火怕柴多

大火能烤干并点燃湿柴，但湿柴过多，也能压灭大火。比喻事物之间都存在一种相互制约的关系。

湿柴无潮饭，干柴无干水

柴再湿，煮的饭不会发潮；柴再干，烧的水也不会凝固。比喻客观环境再变，事物本身的规律不会改变。

十步之内，必有芳草

比喻自己身边就可能有杰出的人才。

十访九空，也好省穷

指如果多次向人借贷，虽常常落空，但也会得到一些资助救穷。也指若向亲友借贷，多少也可以得到一些资助。

十分惺惺使九分，留着一分与儿孙

惺惺：聪明智慧。比喻不论什么事不能做绝，要留有余地。换句话说，不要把自己的聪明才智全用尽了，不要把所有的事都包揽了，子孙后代会因得不到锻炼而变得愚笨。

十个明星当不得月

指明星再多，也顶不了月亮。比喻人手再多，也抵不了一个正主。

十个指头有长短

比喻人或事物都不可能完全相同，彼此之间总有差别。不可能用相同的方式、手段来对待。

十家锅灶九不同

比喻每个人所处的环境和际遇都不一样。

十句谚语九句真

指谚语都是老百姓在日常生活中总结出来的经验,所以大部分都是有道理的。

十里没真信

比喻从远处传来的消息常会走样。换句话说,传播的消息大多不可靠。

十目所视,十手所指

很多双眼睛盯着,很多只手指着。意指一举一动都受到人们的监督。

十年生聚,十年教训

说明作长期的艰苦奋斗。

十事半通,不如一事精通

指一知半解地知道很多东西,还不如只精通一件事。

十指尖尖有长短,树木林莽有高低

形容人与人不会完全相同。

什么笼装什么鸟

不同的环境会培养出不同习性的人。也指每个人都有自己特定的生活习惯和生存环境。

什么钥匙开什么锁

说明不同的问题要用不同的方法解决,不能死搬硬套。

什么云下什么雨,什么水生什么鱼

不同的结果都是由不同的原因导致的。

石看纹理山看路,房子看的是椽柱

指看玉石要看它的纹理顺不顺,看房子要看它的椽柱好不好。指了解事物要注意观察它的主要特征。

时间无私,历史无情

说明时间和历史对人都是公正的。

时来谁不来,时不来谁来

指人在运气好时就有人奉承、依附,运气不好时就会门庭冷落。

时势造英雄

指英雄是时代造就出来的。比喻英雄人物是时代的产物。

识时务者为俊杰

能认清客观形势,顺从事物的发展趋势,才是真正的英雄豪杰。

实践出真知

指正确的认识来源于实践。

拾得孩儿落得摔

指随意处置不是自己亲生的孩子。比喻不管不问与己没有关系的事情。

使他的拳头，捣他的眼

意谓以其人之道，还治其人之身。

使心用心，反害其身

指使用种种心机，想陷害别人，结果却害了自己。

士别三日，当刮目相看

读书人每天都在学习，几天不见，有的人就会发生很大的变化。泛指不可用老眼光看待别人。

士为知己者死，女为悦己者容

意谓士愿为深知自己的人献出生命，女子愿为喜爱自己的人打扮。

士先器识而后辞章

器：器度。识：见识。意谓人的思想品德比才能更为重要。

世财、红粉、歌楼酒，谁为三般事不迷

世财：钱财。红粉：美色。歌楼酒：歌舞中助兴的酒。指世人难以逃脱财、色、酒的迷惑。

世间没个早知道

指世上的事很难预测。比喻人在世间，荣辱祸福，谁也不可能提前知道。

世界之大，无奇不有

意谓世界上什么奇特的事情都有。

世情看冷暖，人面逐高低

世情：人情世故。指世间人情势利，有钱有势的有人巴结他，失意无钱的遭到冷落，没有人理他。

世上本无事，庸人自扰之

意谓世界本来是平安无事的，都是那些平庸鄙俗的人自找麻烦，搅得不安宁。

世上没有打不开的锁

比喻不论什么问题总会有解决的办法的。

世上万般悲苦事，无过死别与分离

指与死者诀别和与生者分离是人间最为悲伤痛苦的事。换句话说，人世间的生离死别是最痛苦的事。

世上有想不到的事儿，没有做不到的事儿

指不管什么事情通过努力都可做得到。

世无百岁人，枉作千年调

指人生命短暂，没有必要白白地为名利和子孙后代费心费力地盘算。

事不关己，高高挂起

意思是不管不问与自己无关的事情。

事不关己莫多问

旧指与自己没有关系的事情，不要多问。

事不过三，过三难办

指任何事都不能重复多于三次，否则就没有意义或达不成效果。

事不三思终有悔,人能百忍自无忧

做事考虑周密就不会后悔,为人处世善于忍耐就不会遭受祸患。

事从缓来

指遇事不可急于求成,要从容处理。

事大事小,到跟前就了

指事情不管是大是小,到跟前总会了结。劝人遇到难事,不要退缩。

事到头来不自由

事到跟前,只能任由事态的发展,自己也无能为力。

事到做时方知难

只有到了亲自做事的时候,才懂得它的困难。

事非经过不知难

没有亲自去做,不会知道做事的艰辛。

事急无君子

指事情到了紧急关头,顾不得讲究礼节了。

事宽即完,急难成效

事情从容办理,结果就会圆满;操之过急,反而难以达到结果。

事实胜于雄辩

意谓事实比雄辩更有说服力。

事无大小,关心者乱

意谓事情不论巨细都挂在心上,弄得心烦意乱。

事无三不成

没有很多次的努力,事情就做不成功。

事要前思,免劳后悔

事前要深思熟虑,免得事后懊悔。

事有必至,理有固然

意谓事物的发展变化有它固定的必然规律。

事有凑巧,物有偶然

指世间的事物,常常会出人意料地发生巧合。也指事情发生往往很凑巧,具有某种偶然性。

事有千般,理有千层

事情多种多样,道理也非千篇一律。指具体的问题要具体对待,要依照规律做事。

事有因,话有缘

指任何事情的发生总有一定的原因,任何流言的产生也总有缘由。

事在人情在,事败人情坏

意谓事业发达时,人都会向你聚拢过来;一旦事业衰败,众人便随即溃散。

是非出在众人口

指是非、对错经过大家的评说自会清楚。

是非只因多开口,烦恼皆因强出头

招惹是非只因为说话过多,招惹烦恼都因为逞强出头。劝诫人要谨言慎行,不要逞能。

是狗改不了吃屎

比喻坏人的本质不可能改变。换句话说,坏人干坏事是肯定的,是由他的本性决定的。

是狗改不了吃屎,是狼改不了吃肉

比喻坏人干坏事是必然的,是他的本性所决定的。

是鸡都长两只爪,是人都有两只手

指人与人都是相似的,没有很大的差别。

是马充不了麒麟

麒麟:古人想象中的一种吉祥动物[像鹿]。比喻普通的人冒充不了杰出人物。

是马有三分龙骨

意谓平凡的人也多少有些不平凡的地方。

是人脸上都有四两肉

指任何人都要面子。

是山总有路,是河总有桥

比喻不管什么事情,都有解决的办法的。

是邪侵不了正

指歪门邪道无法侵犯正义。

是一亲,挂一心

指对每一个有亲近关系的人,都不免要挂念。比喻对关系亲近的人总是操心他们。

是真难假,是假难真

真的假不了,假的真不了。意谓真假不容混同。

是真难灭,是假易除

是真的,就不容易去除;是假的,就容易去除。

是粥是水,揭开锅盖

形容揭开表面现象,就能看到事物的本质。

收船好在顺风时

说明应在顺境时功成身退。

手不狠立不了业,心不黑发不了财

古时认为要立业就得不顾道义,要发财就得昧着良心。

手插鱼篮避不得腥

手已经插到鱼篮里了,就避不开腥气。比喻既然已经干了,就接着干下去,不应有其他的顾虑。也比喻自己既然已参与其中,就不能再考虑后果了。

守过荒年有熟年

熬过了灾荒之年就会迎来丰收之年。也说明坏到极点,就会向好的方面转化。

守夜雁后有群雁

有守夜雁的地方,肯定会有雁群。比喻有人放哨站岗的地方,肯定是重要的场所。

受恩必报

说明受过别人恩惠,一定要报答人家。

受了卖糖公公骗,至今不信口甜人

意谓曾经受过说好话的人欺骗,直到今天不再相信满口甜言蜜语的人。

受人钱财,与人消灾

指接受别人的钱财,就得为别人效力。意在提醒人们:不要轻易接受别人的好处。

受人一饭,听人使唤

指吃了别人家的饭,就得听人家使唤。也指如果得了别人的好处,就需听命于人。告诉人们,不要轻易接受他人的恩赐。

瘦狗莫踢,病马莫骑

比喻不可以欺侮那些穷困潦倒的弱者。

输钱只为赢钱起

指赌博输了钱,是因为开头赢了钱被诱惑的。比喻遭人算计是由算计别人引起的。

暑天无君子

指大热天里,没有人去讲究衣帽整齐。

树不成林怕大风

比喻单家独户难以抵抗大的灾害。

树从根上起

指树是从根上长起的。比喻不论什么事情都有它自身的根缘。

树大有枯枝

比喻人群聚集之处难免有坏人存在。

树大招风风撼树,人为名高名丧人

意谓就像大树容易招风摇动树身一样,人的名声过大就容易招来他人的嫉妒而受到残害。

树倒猢狲散,兵无主自乱

猢狲:猴子的一种。指树倒了,树上的猴子各自散开离去了,而士兵没有主帅,就会乱阵脚。比喻首领垮台了,其势力消失了,依附他的人会一哄而散,各自离去。

树德莫如滋,去疾莫如尽

建树德行重在逐渐增多,剪除邪恶重在要消除得彻底干净。

树多不怕狂风

树多抵抗风沙力量就大。比喻团结力量大,什么困难都能克服。

树荆棘得刺,树桃李得荫

树:栽种,种植。指栽种荆棘只能收获刺,栽种桃树李树能收获桃李的果实。比喻做好事有好的报答,做坏事只能得到报应。也比喻好有好报,恶有恶报。

树老易空,人老易松

树老了容易空心,人老了容易松懈。

树林大了,什么鸟都有

比喻人多了,什么样的人都有。也比喻人多出一些坏人是免不了的。

树怕软藤缠

软藤缠树,能把树缠死。比喻柔能克刚。

树争一层皮,人争一张脸

树有树皮才可以生长,人有脸面才可以活下去。

谁不是爹娘身上的肉

指任何人都是爹娘生爹娘养的,应当牢记父母的养育之恩。

谁家灶囱不冒烟,谁家锅底没有黑

比喻家家都有各自的烦心事或不好意思外漏的丑事。

谁人背后无人说,哪个人前不说人

指在背后被人议论和在人前评说别人是常见的事。比喻人总免不了被人议论,或在背后议论别人。

谁人汲得西江水,难洗今朝一面羞

意谓做了丢脸的事,后悔也来不及了。

水帮鱼,鱼帮水

指利害相关的人相互依存,相辅相成。

水不跟木同,人不跟人同

指物各有差异,人各不相同。

水不激不跃,人不激不奋

水不受阻就激不起波浪,人不激励就不会奋发图强。

水冲石头山挡水,今日不见明日见

指两者总有相逢的机会,是恩是怨,自会相报。

水从源流树从根

水从源头流出来,树从根部长起来。比喻任何事物都有它发生的根源。

水大漫不过鸭子

鸭子游在水面上,水再大也不会淹死鸭子。比喻地位高的人总是可以压倒地位低的人。

水多了什么虾蟹都有,山大了什么鸟兽都出

比喻范围大了,人多了,什么样的人都可能存在。

水火无情

水和火不讲情义。指水患和火灾会造成严重的损失和灾害。

水火相济,盐梅相成

指烹饪赖水火而成,调味兼盐梅而用。意谓人之才性虽各异,而可以和衷共济。

水酒不能混为一谈(坛)

形容不同性质的事物不可以混为一谈。

水可行船,水可覆船

水可以浮起船来,也能将船打翻。比喻任何事物都有两面性。

水流千里归大海

水流再长,也要归入大海。比喻人离家再远也要回归故乡。也比喻人到临头要还原归本。

水柳好看装不得犁,塑料花好看采不得蜜

水柳:树名,木色光润但质地松软。犁:耕地工具。指犁底木要用最坚硬的木料制造。比喻好看的东西未必实用。

水米两无交

意谓两者之间没有任何关系。

水浅不是泊船处

指水浅的地方不能停船。比喻没有发展前途的地方,不能作为安身立命之处。

水浅养不了大鱼

说明水太浅了,养不了大鱼。比喻条件不好的地方,留不住好的人才。

水浅鱼不住

指水浅的地方养不住鱼。比喻条件太差的地方难留住人。

水筲离不了井绳,瓦匠离不了小工

指人再有本事,也得有帮手。

水是流的,鱼是游的

说明一切事物都在变化。

水银渗地,无孔不入

意思是抓住机会就可以钻空子。

水中捞月一场空

说明白费工夫,毫无所得。

顺带不为偷

顺手稍带走东西不属于偷窃的行为。

顺得姑来失嫂意

形容听从了这个人的意见,又得罪了另外那个人。换句话说,依顺了这个人,得罪了另一个人,做事总是很难让众人满意。

顺风的旗,逆水的鱼

旗要顺风才会展开,鱼要逆水才会游动。比喻事物各有各自的特性,不能强求统一。

顺藤能摸到瓜,跟踪能追到穴

比喻根据线索分析调查就能找到目标。

说到曹操,曹操就到

曹操:三国时期政治家、军事家、诗人。世人称曹操是奸雄,谁议论他,他就会出现在谁面前。后指谈论到某人,碰巧某人就来到。

说千道万,不如一干

指空话说得再多,也不如实干一次。

说着红脸的,便来了关公

关公:即三国蜀名将关羽,传说关羽脸红如枣,有“红脸关公”之称。比喻说到某人,某人凑巧就来了。

思想开了窍,工作搞得好

思想上想通了,才能把工作做好。

厮杀无如父子兵

指在生死搏斗中,父子之间的接应最为有力。

死抱葫芦不开瓢

比喻到死仍不觉悟。

死不死,活不活

死又死不了,活又活不成,意谓处境进退维难。

死蛟龙,不若活老鼠

意谓死货再好也不如活鲜货有价值。

死泥鳅还有饿老鸹啄

比喻不论如何丑陋或卑劣的人,总有人情意同他相交往或相匹配。

死人臭一里,活人臭千里

意谓如果人的死尸腐臭方圆一里能闻到的话,活人的坏名声则会远传千里。

死无葬身之地

死后连个掩埋尸体的地方也没有。意谓结局悲惨。

死者复生,生者不愧

死去的人如果再活转来,活着的人能感到于心无愧。意谓所作所为对得起死者。

死猪不怕开水烫

指猪已经死了,就不怕开水了。比喻已经下定决心,怎么对待都不怕。也比喻身处绝境,反正已经无计可施,干脆横着心任由事态的发展。

四不拗六

拗:固执,执拗,不顺从。比喻少数违拗不过多数,只能服从多数人的意见。

四两拨千斤

指在一定的条件下,弱者能战胜强者。

寺老佛多,人老话多

意谓人老了会变得唠唠叨叨,就像寺庙年代久了,佛像就会多起来一样。

俗眼不识神仙

凡人认不出神仙。比喻平庸的人目光浅薄,认不出谁是真正的人才。

算命若有准,世上无穷人

指打卦算命的话不能轻信。

孙猴子的筋斗云，总跳不出如来佛的手掌

孙悟空一个筋斗即使能翻出十万八千里，也跳不出如来佛的手掌心。比喻本领再大的人，也会有人制服他。

孙猴子再会变，也瞒不过二郎神

比喻伪装得再隐秘，也会有人识破。

锁钥尽固，径窦可由

径窦：直通的孔穴。意谓即使防范十分严密，仍有空子可钻。

T

他山之石，可以攻玉

别的山上的石头，可以用来雕琢玉器。意谓听取他人的批评和意见可以弥补自身的不足之处。

踏破铁鞋无觅处，得来全不费工夫

花费很大的工夫去寻找却不能找到的东西，往往会在不经意间轻而易举地获得。

踏人一脚，须防一拳

意谓伤害了别人之后，要谨防别人报复。

抬得高，跌得重

被人抬举得越高，跌下来就摔得越重。比喻被人吹捧得越厉害，下场就会越悲惨。

贪食的鱼儿易上钩

比喻如果贪图眼前的利益就会上当吃亏。

摊着啥事办啥事

指事情多时，遇到什么事情就办什么事情。指问题一个一个解决，不要乱了头绪。

炭多火红，人多势众

指人多了，力量就强大。

塘中的泥鳅，能翻起多大的浪

比喻小人物成不了气候。

逃得了初一，逃不了十五

意谓可以躲避一时，但总有被发现的时候。

讨饭怕狗咬，秀才怕岁考

岁考：旧时各省的学政（掌管文教的官员）巡察各州府，对生员、增生、廪生进行考试，而后评定等第，叫做岁考，又叫岁试，每三年举行一次。指秀才害怕岁考，就像乞丐害怕被狗咬一样。比喻每个人都有自己的难处。

讨老婆看妻舅，买衣裳看衫袖

看妻舅就能推测未婚妻的品貌和才能；看衫袖，就知道整件衣裳的质地和做工。也比喻从已知的情况中，推测出未知的情况。

剃头担子一头热

剃头担子:古时街头理发担子,担子一头是理发用具,另一头用来烧热水。意谓一厢情愿。

天不盖,地不载

指天地不容。比喻作恶多端的人,天地不容,绝没有好下场。

天不言自高,地不言自厚

天不用开口说话,自然非常高远;地不用开口说话,自然非常深厚。指一个人的能力大小,自有公论,不用自我夸奖。

天不转地转,地不转河转

意谓事物总会不断地发生变化。

天地之大,无所不有

意谓世界非常大,什么样的奇特事物都有,什么样的奇特事情都会出现。

天高皇帝远

指地处偏远,中央政令权力行使不到。换句话说,由于地处偏远,中央政府的法令管辖不到,人们可以无法无天,不受法律和制度的约束。

天没有总阴,水没有总浑

比喻人不可能一直处在逆境中。

天能盖地,大能容小

苍天能遮盖住大地,大人物能宽容小人物。指年幼的做错了事,年长的应多包涵。

天晴总有天雨时

意谓处境顺利的时候也有可能会遇上挫折。

天上的仙鹤,比不上手中的麻雀

比喻凡事要讲究实际,不要空谈。

天上雷鸣一个音

比喻同一种事物,本质或特性都是一样的。

天上鸟儿飞,地上影儿过

指鸟儿在空中飞过,地上就投下它的影子。比喻人有什么行为,总会留下痕迹。

天上人间,方便第一

意谓办任何事情,都要考虑"方便"两个字,即方便自己,又方便他人。

天上无云不下雨,地上无人事不成

指离开人,什么事情也办不成,就像天上没云就不会下雨一样。比喻不论什么事都有它的成因。

天上星多月不亮,地上人多心不齐

指星星多了月亮不就不够亮堂,人多了就不容易做到思想统一。

天时地利人和

天时:时令、气候。地利:有利的地形;人和:民心所向,团结一致。意谓办事的外部条件好。

天外有天，山外有山

天外还有更高的天，山外还有更高的山。比喻强中还有更强的。常用来告诫人们不要妄自尊大。

天无绝人之路

指上天不会断绝人的生路。比喻人在困境中肯定能找到出路。也比喻无论遇到多大困难，总是能想出解决的办法。

天下本无事，庸人自扰之

庸人：十分平凡的人。自扰：自己搅乱自己。指天下本来安宁无事，可平庸浅薄的人却常常制造事端，自己找麻烦。也指许多不该发生的事儿都是人为造成的。比喻本来没有什么事，结果自己大惊小怪，自寻麻烦。

天下大势，分久必合，合久必分

天下整个局势，分裂时间长了必定会统一，统一时间长了又必定会出现分裂。意谓事情有变化有发展是正常的。

天下没有唱不完的戏

指任何事情都有结束的时候。

天下没有上不去的崖

比喻不论多大的困难，只要想办法总能解决掉的。

天下钱眼儿都一样

钱眼：古时铜钱当中的方孔。比喻人的眼力、喜爱等都差不多。

天下事抬不过个理去

指不论什么事都要讲道理，人人都得受"理"的约束。

天下无难事，只怕心不坚

意谓世上本来就没有办不成的事，许多事情是由于人缺乏决心和信心才办不成的。

天下无难事，只怕用心人

意谓只要有决心、有毅力，没有办不到的事。

天下无有不散的筵席

指人们的聚会虽欢乐但最终都要离散。

天要下雨，娘要嫁人

老天下雨，寡妇嫁人，这是谁也管不住的。泛指势在必行的事，不可以遏止。

天有时刻阴晴，人有三回六转

指人的心思，像时阴时晴的天气一样不断变化着。常指人有回心转意的时候。

天与弗取，反受其咎

弗：不。咎：灾祸。不接受上天的恩赐，反会遭受灾祸。意谓坐失良机将遭遇灾难。

天灾好躲，人祸难防

意谓自然灾害容易躲，人为的祸患防不胜防。

添个蛤蟆还多四两劲儿

比喻增加一个人，好歹也能增添一份力量。

添粮不如减口

指在贫困地区，增添粮食不如减少人口，有利改善生活。

跳下黄河也洗不清

跳进黄河里也洗不干净。意谓无法洗刷耻辱和辩白冤屈。

铁将军把门

指门上了锁。

铁树也有硬虫钻

比喻再坚硬的东西也早晚会遭受毁坏。

听过不如见过，见过不如做过

任何事情都要亲自去实践才能获得经验，只凭听说或眼见是不够的。

听千遍不如见一面

意谓不论什么事都要亲自实践或实地考察，不可以轻信传闻。

听人说百遍，不如亲眼见

听别人说的次数再多，也不如自己亲自看一看来得可信。

铜盆撞了铁扫帚，恶人自有恶人磨

比喻硬汉遇到了硬汉，厉害的人遇到了更厉害的人。也比喻坏人自然有坏人来惩处他。

偷鸡的猫儿性不改

比喻恶人的劣习是改变不了的。

头醋不酽彻底薄

酿出来的醋，如果第一遍的醋味不够浓，二遍三遍就更淡了。比喻开头就没做好，往后就更差劲了。

头忙脚忙，一忙百忙

指当家主事的人一忙，下面的人就都会随之忙碌起来。

头齐脚弗齐

弗：不。意谓还没完全准备充分。

头三脚难踢

比喻万事开头难。也比喻打开局面不容易。

头剃了一半，再疼也要剃光

比喻事情已经开头，就是再难也不可以半途而废，硬着头皮也得做下去。

投亲不如访友，访友不如下店

指出门在外，晚上在亲戚朋友家过夜，不如住旅店自由方便。

秃笔描狗，越描越丑

比喻用拙劣的手法掩盖丑行，情况会越来越糟。

秃爪子老鹰，抓不住芦花大母鸡

指强敌失去了优势，连一般战斗力也丧失了。

秃子不要说和尚，脱了帽子一个样

指双方都有不光彩的事，彼此都差不多，谁也不要说谁。

秃子护顶

秃子总是设法遮掩自己的秃顶，不让人看见。比喻有缺点和错误的人，总想把自己的缺点和错误隐藏起来。

秃子灵，瞎子精

指头秃的人机灵，眼瞎的人精明。也指有缺陷、有残疾的人往往在某些方面比常人胜出一筹。

土帮土成墙，人帮人成王

指团结起来力量大，要成大事离不开众人的帮助。

兔死狐悲，物伤其类

指兔子死了，狐狸悲伤，动物也知道为它的同类而伤感。

兔子不吃窝边草

比喻坏人不在当地或附近干坏事。

兔子急了还咬人

比喻温和的人在逼急的情况下也会有过激的反应。也比喻弱者到了紧急的时候，也会挺直腰杆起来反抗。

兔子靠腿狼靠牙，各有各的谋生法

比喻不同的人有不同的生存方式。

团结力量大，泰山也搬家

只要齐心协力团结起来，再大的困难也可以克服。

团鱼莫笑鳖，都是泥里歇

指大家彼此差不多，谁也别笑话谁。

腿长不怕路远

比喻自己有本事，就不害怕困难。

退后一步自然宽

指遇事后退一步反而能想出好办法，出现转机。也指为人处世不能一味争强好胜，要克制忍让。

退一步风平浪静，让一分海阔天空

意谓遇事如果能退让一步，纷争就会平息，心境也会开阔。

拖人下水，先打湿脚

想拉别人到水里，自己的脚会先湿。比喻拉别人做坏事，反而自己会先受害。

陀螺不抽不转

比喻对不自觉的人必须施加压力。

W

娃子不哭奶不胀

如果幼儿不哭，母亲的乳房就不会发胀。比喻事出有因。

瓦罐不离井上破,将军难免阵中亡

指汲水的瓦罐难免打破在井台上;作战的将军难免阵亡在战场上。比喻经常做冒风险的事或身处险境,难免发生意外。

瓦爿尚有翻身日

比喻身处逆境的人早晚有出头之日的。

歪理千条,不如正理一条

指歪理邪说再多,在真理面前必然失败。

外鬼易挡,家贼难防

外面的坏人在明处,容易对付;内部的坏人在暗处,很难防备。

外明不知里暗

指局外人只看到表面现象,不了解内部实情。

外甥是狗,吃完就走

指外甥常到舅家随便吃喝,却不帮助干活。

外行看热闹,内行看门道

指外行往往只看表面上是否热闹有趣,内行才能看出行业的窍门。

弯过了头要折,拉过了头要断

指不论什么事超越了极限就会向反面发展。

玩火者必自焚

玩火的人必然会把自己烧死。比喻做坏事的人,会自食恶果,受到惩罚。

万般哀苦事,死别与分离

指死别与分离是人生当中最悲哀痛苦的事。

万变不离其宗

指不管形式上如何变化,其本质是始终如一的。

万事从一开始

做任何事情都要从头开始。

万事开头难

不论什么事情开头常常最难。

万事留人情,日后好相见

指处事要给人面子,是为了今后的相处。也指做事情不可以做得太绝,要给人留点情面,以便以后好见面。

万物土中生,万物归于土

世上万物都是从土地生长出来的,而最终还是要回归到土地中。

万盏明灯顶太阳

很多盏明亮的灯所发出的光芒比得上太阳。比喻大家合作会产生非常大的力量。

汪汪狗不咬人

汪汪叫的狗是不会真的咬人的。比喻心直口快的人是不会在暗地里伤害人的。

王八当权大三代

王八：骂人的话，指坏人。比喻坏人掌权，作威作福，比谁都厉害。

望山跑死马

指虽然看见山就在前面了，但要到达那里，还有很长一段路程。

为人不见面，见面去一半

从传闻中得到的印象，与见面时的认识是有很大差别的。指亲眼看见的远比耳朵听到的牢靠。

惟乱门之无过

指应该远离祸乱之地。

惟有感恩并积恨，万年千载不成尘

成尘：化作尘土。指世上只有感恩和怨仇两种感情，最难忘记。

惟有圈中人，才知圈中事

只有与事情有关的人才了解内部的真相。

伟大出于平凡，理论来自实践

伟大的人是从平凡中诞生的，正确的理论是从实践中获得的。

尾巴长了，就会被人踩到

比喻经常做坏事就会露出马脚，最终会被人抓住尾巴。

位高身危，名高忌起

指人地位高了，就会身临险境；名气大了，就会遭来人们的忌妒。

文的开口知抱负，武的举手显高低

文人一张口说话就可以知道他是否有远大的抱负，武将一出手就可以得知他武功的高低。指言谈举止可以表现出人的气质和才能。

闻名不如见面，见面胜似闻名

虽早已听说某人大名，总不如当面见得真切。

问谁毁之，小人誉之

指要问是谁毁了一个人的名誉，那就是小人对那个人的恭维。也指小人的阿谀奉承，会坏人名声。

乌狗吃食，白狗当灾

比喻替人受过。也比喻一个人犯法，由另一个人来接受惩罚。

乌龟不笑鳖，都在泥里歇

比喻两人地位差不多，不要相互取笑。也比喻彼此的处境相似，不可以相互讥讽。

乌龟王八一路货

乌龟、王八都属于鳖类，原本是一路货色。比喻行为卑劣的人，尽管表现不一样，但其本质是相同的。

乌龟有肉在肚里头

比喻奸人的阴谋诡计都藏在内心里，外人是看不透的。

乌鸦擦粉照样黑

比喻坏人再粉饰也掩盖不住丑恶的本质。

乌鸦抹上白灰,也变不成白鸽;狐狸跳进大海,也洗不尽骚臭

比喻恶人再伪装也不能改变他的本性。

乌有反哺之义,羊有跪乳之恩

反哺:小乌鸦长大后,觅食仅哺老乌鸦。跪乳:羊羔吃奶时,双膝跪地。指乌鸦知道反哺,羊羔知道跪乳。比喻人应懂得孝敬父母。

乌云遮不住太阳

比喻光明最终要战胜黑暗,真理最终战胜谬误。

屋里点灯外头亮

比喻家庭内部的事情,外人看得很清楚。

无毒不丈夫

丈夫:指有志气有作为的男子。古时认为,心不狠、手不辣,遇事优柔寡断,就算不上是大丈夫。本指对仇敌打击要狠。现多指人心毒手辣。

无风不起浪

指没有风吹,就不会掀起波浪来。比喻事情沸沸扬扬地喧闹不休,总有发生的原因。

无风不起浪

比喻事情的发生总是有起因的。

无缝的鸭蛋不生蛆

比喻如果自身没有问题,别人是钻不了空子的。也比喻事情有了漏洞就会出事故。

无火难成炊

比喻没有最基本的条件,什么事也办不成。

无假不成真

没有假的就不能辨别出真的。

无马狗牵犁

指没有马,用狗来犁田。比喻在没人才的地方,庸才也可顶替。也比喻没有适当的好条件,只好拿次一点的来凑合。

无钱吃酒,妒人面赤

指自己没钱买酒吃,见到别人脸发红也妒忌。常指无能的人,往往多疑善妒。

无钱买茄子,只把老来推

指没有钱买茄子,只好说茄子太老。比喻自己不具备某种能力,却以客观理由作为推辞。也比喻没有钱办不成事,又怕没面子,只得找借口敷衍推脱。

无巧不成书

指事情常因巧合而成。也指没有凑巧就写不出书来。比喻事情不凑巧,就构不成说唱逗笑的故事情节。

无心人对着有心人

指无所意图人的言行触动了有内心隐秘的人。比喻一方无心而另一方有意，双方的想法有差距，会产生各种误会。

无医枯骨，无浇枯木

不能抢救的人就不要继续抢救了，已经枯死的树木就不再浇水了。指不要作没有任何希望、毫无用处的努力。

无债一身轻

指不欠债，就会感到非常轻松，精神愉快。

五个指头按跳蚤，按住这个那个跳

比喻有限的力量很难对付众多的敌手。

五人团结赛猛虎，十人团结一条龙，百人团结像泰山

只要团结一致，齐心协力，人越多力量就越大。

物不平则鸣

指有不公平的事发生，就会有人出来反对。

物极则反，人急计生

指事物发展到极点，必然会朝相反的一面转化；人在危急的时候，常常会想出好的对策。

物以稀为贵

东西太少，供不应求，便显得珍贵。

物有不同物，人有不同人

物品和物品之间有差异，人与人之间也有差异。指对人对物要有所区别，不可以一概而论。

物有物性，土有土性

任何事物都有其本质特性。

物有一变，人有千变，若要不变，除非三尺盖面

指事物总是在发展变化的，人更是千变万化，除非死去才不会有变化。

X

西边不亮东边亮

比喻事物的发展有其两面性，有好必有坏。

惜福积福

古时认为只有珍惜福分，才能长时间地有福享。

喜鹊叫三声，双喜降门庭

旧时认为喜鹊连声叫，一定会有喜事临门。

虾不跳，水不动

比喻事情的发生肯定有原因。

虾蟆促织儿，都是一锹土上人

虾蟆：癞蛤蟆。促织：蟋蟀，亦叫蛐蛐儿。意谓彼此地位一样，命运相同。

瞎闯过不了五关

指盲目蛮干是渡不过难关的。

瞎子的耳朵聋子的眼

瞎子看不见,耳朵却特别灵;聋子听不见,眼睛却特别亮。

下河才知水深浅

比喻只有深入实际,才能真正明白事物的真相。

先长的眉毛比不上后长的胡子

眉毛一出生就有,但其长度不及后长的胡须。比喻后来者居上。

先搭台子后唱戏

比喻做任何事都要事先做好准备,才可以进展顺利。

先会走,才能跑

比喻做事情要由简单到难,一步一步来。

先捡西瓜,后捡芝麻

比喻先办大事,后办小事。指做事要有优先之分。

先进寺门一日大

指先进门的人应排行在先,受到尊敬。

先入者为主

以先入耳的话为主要根据。意谓怀有成见,听取不了不同的意见和主张。

先撒窝子后钓鱼

比喻先设下钓饵,然后动手让人中圈套。

先小人后君子

指做事前要先把涉及的问题找出来,然后再讲情面谈义气。

先扎笼子后养鸡

先有了鸡笼,才能养鸡。比喻做事情一定要准备充分,循序渐进。

闲官清,丑妇贞,穷吃素,老看经

贞:贞洁。指闲职的官员清白,丑陋的女子贞洁,穷人吃素食,年老读经书。比喻人的品德和行为是由客观条件造成的。换句话说,一个人的行为表现与其所处的客观条件有很大关系的。

闲觉日偏长

闲着无事,就会觉得时间过得很慢。

闲中点检平生事,静里思量日所为

空闲时要检查过去所做的事情,夜里要反省白天的行为。意谓行事处世要谨慎小心。

嫌人易丑,等人易久

由于心理作用造成的错觉,嫌弃谁便感觉谁处处不顺眼,等人会感觉时间过得特别慢。

乡里没有泥腿,城里饿死油嘴

指没有农民种地产粮食,就没有城里人的一日三餐。

乡下狮子乡下舞

比喻乡村的习俗只能在乡里行得通。

相马失之瘦,相士失之贫

观察马的好坏,会因只看马的消瘦而失误;考察人才能的高低,会因只看人一时贫困而失察。指观察人或事物不能只看表面现象,而应看内在素质。

相马以车,相士以居

指看马要看它拉车时的表现,看人要看他平常的为人表现。

相马以舆,相士以居

相:看,观察。舆:车。居:住处。指看马优劣,要看它拉车的车载量如何。看人好坏,要看他居住处的道德风尚如何。比喻通过环境条件优劣和当地社会风气的好坏,就可以判定人的爱好、志向和品德。

相生必相克,相克必相生

指世界万物能由此生成彼,也能由彼制服此。

想着容易做着难

凡事想起来容易,动手做起来却很难。指实践是件费力气的事情。

想自己,度他人

意谓做事情不能只考虑自己的得失,也应设身处地地为别人着想。

小不能敌大

意谓弱小的不足以同强大的相对抗。

小不忍则乱大谋

意谓小事不忍耐,则会妨害大计划。

小才难大用

意谓才能不大的人胜任不了大事。

小菜当不得敬神的刀头

刀头:猪颈部的肉,常用作敬神的供品。比喻小人派不上大用场。

小坼不补,大坼难堵

小的裂缝不及时填补,扩大后就很难堵塞。比喻刚出现的小问题应该及时解决。

小池塘养活不了大鱼

比喻小地方留不住大人物。

小疮不上药,大了用刀割

比喻忍受不了小的痛苦,日后就会吃大苦头。

小胳膊怎能拧过大腿

比喻小人物较量不过大人物。

小鬼管不了阎王的事

指小人物没有权力过问大人物的事。

小孩嘴里讨实话

讨:索取。指从小孩嘴里可以得到比较真实的情况。这是因为小孩思想单纯,不会讲假话,从小孩子嘴里往往能得到真实的情况。

小河沟里练不出好艄公,驴背上练不出好骑手

比喻不经大风大浪,培养不出杰出的人才。

小河练不出排天浪

比喻力量小,成不了大事。

小马儿乍行嫌路窄

比喻年轻人由于经验不多,无法坦然面对现实。

小庙里的神没见到大香火

比喻见识浅陋的人没见过大的场面。

小人得志,不可一世

指品格低劣的人,一旦有了好的际遇,就狂妄自大,什么也不放在眼里。

小人无罪,怀璧其罪

璧:身藏璧玉。指无权无势的人,本来是无罪的,有着一件宝物,反倒惹来祸患。

小人喜干戈,君子容说话

干戈:古时的兵器,这里指动武。指小人不明事理,动不动就打起来;君子总是以理服人。

小蛇出大蟒

比喻弱小的能变成强大的。

小事不治,大事不止

指小问题不及早解决,酿成大问题就不好解决了。

小水不容大鱼

指小的水量不可能让大鱼游来游去。比喻条件有限的小地方,不能容纳有大才干的人。

小小石头,打坏大缸

一块小石头砸破了一口大缸。意谓以小胜大。

笑里暗藏刀

比喻表面和善,暗地里阴险毒辣。提醒人们:要特别警惕那些笑里藏刀、冷笑里包藏着祸心的人。

协力山成玉,同心土变金

指同心协力就能创造奇迹。

邪不能胜正,假不能胜真

邪恶的战胜不了正义的,假冒的战胜不了真实的。

鞋底离不了鞋帮,秤砣离不开秤杆

比喻利害相关的人或紧密相连的物必须配合,如果不配合就会失去作用。

鞋子合脚走得快

比喻做事通力配合,进展就会顺利。

心不专一,不能专诚

意谓心中如果有很多杂念,就不可能集中精力。

心慈手软留后患

意谓对付恶人心慈手软的话，会留下后患。

心非木石，岂能无情

意谓人心不是木头、石头做的，总归是有感情的。

心慌行越慢，性急步偏迟

指心慌意乱，性急求快，反而会脚步迟缓行走缓慢。

心记不如墨记

指记在心里时间久了也会忘记，不如用笔和纸记下来。

心头不似口头

指心里想的和口头上表达的不一致。

心问口，口问心

形容反复考虑。

心有所思，便有所梦

意谓白天所想的事情，夜里常常会梦到。

新箍马桶三日香

马桶：装大小便的桶，有盖。比喻新来乍到的人，不管是谁都会受到优待，会暂时风光一阵子。形容人对新事物或新人格外热情。

新官上任三把火

指新官上任时，总要摆出架势做几件事，以显示一下自己的威力，时间长了也就一切如故。比喻人刚负责一项工作时态度积极热情。换句话说，有些人刚上任时很积极，干劲很大，时间一长就没有激情了。

新来乍到，摸不着锅灶

指刚到一个新地方，一切都是陌生的。

新人上了床，媒人丢过墙

指结完婚就忘了媒人。比喻事情成功后，就忘记了曾经对自己有过帮助的人。

星星之火，可以燎原

一点小火星可以燃遍整个原野。原来比喻小乱子可以发展成为大祸患。现多比喻微小的新生力量，可以发展成为强大势力。

行百里，半九十

一百里路走了九十里，相当于走了一半。告诫人们越是快要成功的时候，越要坚持到底。

行得春风，便有夏雨

指春风过后，夏雨就会到来。比喻做了好事或你给过别人好处，别人也同样会有回报。

行短之人，一世贫穷

古时认为，做了对不起别人的事的人，将会终生贫穷。

行善获福，行恶得殃

做好事会得到福报，做坏事会招来灾殃。

行一棋不足以见智

下一步棋不足以判断一个人的智慧。意谓不能以一时一事的得失断定一个人有多大才能。

性急吃不了热豆腐

比喻过于急躁,办不好事情,达不到预期目的。

锈坏了镰刀不割麦

镰刀放的时间久了,就会生锈割不动麦子。比喻办事拖拉会导致无法弥补的损失。

须将有日思无日

意谓富裕的时候要想到匮乏时的困难。

虚了实不得,瘸了走不得

指虚假混淆不了,错误掩盖不了。

雪里埋不住死人

比喻真相终究要暴露。

雪中送炭是君子,锦上添花是小人

指能够周济贫穷困苦的,就是品格高尚的君子;一味巴结权势富豪的,就是趋炎附势的小人。

迅雷不及掩耳

形容来势迅猛,使人来不及防备。

压不住定盘星

定盘星:靠近支点的一颗秤星,秤杆所标起算点,秤锤绳垂压在这点上与秤盘平衡。意谓制服不了别人,压不住阵脚。

鸦浴风,鹊浴雨,八哥儿洗浴断风雨

浴:鸟儿在空中忽高忽低地飞。断:没有。指乌鸦在天空飞舞,预示着有风;喜鹊在天空飞舞,预示着有雨;八哥鸟儿在天空飞舞,预示着晴天。

牙舌两不动,安身处处牢

旧指少说话便能过平安的日子。劝诫人不要乱说话。

牙硬磨不过舌头

再硬的牙齿也磨不过柔软的舌头。比喻可以以柔克刚。

烟酒不分家

意谓抽烟喝酒不分彼此。

严寒飞雪盼日暖,转眼桃花满树开

严寒时节盼望着天气变暖,转眼间就春暖花开了。喻指时间飞快。

严婆不打笑脸面

再厉害的人也不会打骂笑脸相迎的人。也指人都喜欢他人献殷勤和奉承。

妍皮不裹痴骨

妍:美艳。指美好的外表下不会包着愚陋的资质。也指表里如一。

言多必失

意谓话说得太多,定会有失误的地方。

言多语失皆因酒,义断情疏只为钱

指酒后容易失言,过分看重钱财会导致绝情无义。

言者无心,听者有意

意谓说话的人不是有意的,而听话的人却有心意会。

言者无罪,闻者足戒

意谓说的人没有过错,听的人应该引以为戒。

盐打哪咸,醋打哪酸

指盐的咸味,醋的酸味,是从哪里来的。指对事情要追根究底。

盐也只有那么咸,醋也只有那么酸

盐的咸和醋的酸都是有限度的,指事物都有其最大的极限。

眼饱肚中饥

看得见食物,但吃不到。意谓空欢喜。

眼不见,心不烦

指见不到让人心烦意乱的人或事,也就不会觉得烦恼。

眼不见为净

1. 指食物制作过程即使不卫生,吃的人没有看见,就会以为是干净的。2. 指让人心烦的人或事,没有看见,心里便感到清净。

眼过千遍,不如手过一遍

看的遍数再多,也不如动手做上一遍。说明亲自动手实践的重要性。也作"眼见千遍,不如手过一遍"。

眼见方为是,传闻未必真

意谓亲眼看见的才是可靠的,传闻不一定真实。

眼见为实,耳听为虚

亲眼看见的才真实,耳朵听来的未必可信。指眼见比耳闻更可靠。

眼见之事犹恐不真,背后之言岂可尽信

眼看到的不一定是真的,背后的话更是不可全都相信。意谓判断事物要注重实实在在的证据。

眼睛长到头顶上

意谓妄自尊大,目空一切。

眼睛是心灵的窗户

人的心思往往能通过眼神表现出来,观察人的眼睛就能了解其内心世界。

眼睛跳,晦气到

古时指眼皮跳,预示着不吉利,会有不好的事情发生。

眼睛一眨,老母鸡变鸭

意谓变化特别快。

眼孔浅时无大量

眼光短浅的人气量也不大。

眼里不揉沙子

意谓心胸狭窄,容不得别人欺负。

雁过有声,蛇过有路

比喻即便事情做得再周密,也会有蛛丝马迹留下。

雁怕离群,人怕单干

雁离开雁群就会迷失方向,人离开集体单干不易成功。

雁头先受箭,佳材早挨刀

领头雁常常先遭受箭射,好的木材经常先被砍伐。意谓爱出风头的人,总是先受到伤害。

燕子不大飞千里,秤砣虽小压千斤

燕子虽然不大,但能飞得很远,秤砣虽然很小但能压住重物。常比喻人小作用大。

扬州虽好,不是久恋之家

意谓不是自己的家,不可留恋不回。

羊羹虽美,众口难调

羊肉羹虽然口味鲜美,但不一定适合每个人的口味。意谓办好事,很难使每个人都满意。

羊和狼不在一个圈,雀和鹞不住一个窝

狼的本性要吃羊,鹰的本性要吃雀。比喻弱者和强者、迫害者和被迫害者永远不会和平共处。

羊酒不均,驷马奔镇

驷马:同拉一辆车的四匹马。酒肉分配不均匀的话,驷马就会乱跑瞎闯不听使唤。意谓解决问题不公平的话,人们就会造反。

羊皮盖不住狼心肝

比喻坏人装得再善良,也掩盖不住丑恶的本质。

羊群里丢了羊群里找

比喻在哪里丢失的还得从哪里找回来。

羊肉没吃成,弄得一身臊

意谓好处没得到,却招来了麻烦。

羊上狼不上,马跳猴不跳

意谓相互之间协作得不好。

杨梅暗开花

杨梅:常绿灌木。指杨梅开花不外露。比喻有心计的人做事不露形色。

养生不若放生

指把生灵养起来,不如放掉。也比喻把人供养起来,不如给他自由。

养小防备老，栽树要荫凉

意谓养儿育女为老时有人照顾，种植树木为盛夏时得到荫凉。

养正邪自退

扶植并培养正气，邪气自然就会消除。常用来指邪不压正。

养子方知父母恩

指人到了自己生儿育女时，方知道父母的恩情深厚。

养子方知娘生受

指只有自己生养孩子，才知母亲生养孩子的操劳和辛苦。

痒处有虱，怕处有鬼

瘙痒是虱子在叮咬，害怕是因为心里有鬼。指任何事情的发生都是有原因的。

妖由人兴，孽由自作

意谓妖异的兴起是人们自找的，灾祸的出现是自己导致的。

峣峣者易缺，皎皎者易污

峣峣：高高耸立的样子。皎皎：洁白的样子。指高耸的东西容易被折断，洁白的东西容易被污染。意谓高傲刚直的人容易受人诋毁，清白正直的人容易被人玷污。

咬人狗儿不露齿

比喻内心毒辣的人，从表面上却看不出来。

要饭三年懒支锅

意谓懒散成了习惯，什么事都不想干了。

要么就掏出心来，要么就拿出刀来

指对好人，要以诚相待；对恶人，要拔刀相拼。

要同香做伴，先与臭为邻

指要想实现美好的理想，先得和丑恶的事物打交道。

要学流水自己走，莫学朽物水上漂

比喻路要自己去走，不可以随波逐流。

要知父母恩，怀里抱子孙

指真正体会父母的养育之恩，常常在自己有了儿孙以后。

爷有娘有，也要开口

意谓任何东西都得自己拥有使用起来才方便。

野花不种年年有，烦恼无根日日生

令人心烦的事情总是一件接着一件，就像野花年年都会自己生长起来一样。

野鸡长不了凤凰毛

野鸡：山鸟。凤凰：鸟中之王。比喻品质差的人不会有高尚的行为。

野兽尽而猎狗烹，敌国破而谋臣亡

指敌国已被灭亡，曾经给帝王出谋划策的功臣良将就遭残杀，就像野兽打尽后，猎狗就被煮吃一样。

叶落各有期，花开自有时

叶生叶落，花开花谢，都有特定的时间。比喻任何事物都有其产生、发展和消亡的自然规律。

夜长梦多

意谓时间拖长了,事情容易发生不利的变化。

夜长梦多,好事多磨

指要想达成美好的事情,常常伴有阻力。

夜眠清晨起,更有不眠人

以为自己起得很早,但路上已有早出门的行人。意谓不要自满,任何时候都有胜过自己的人。

夜行莫踏白

意谓夜里走路不要走发白的地方,免得掉到水里或碰上石头等障碍物。

夜越黑,星越明

比喻有反面事物作陪衬,就更能显示出正面事物的正确性。

一把砂糖一把屎,不记砂糖只记屎

比喻给过他人好处,也伤害过他人,他就不记得你的好,只记你的不好。

一把抓了,两头弗露

一把抓完,一点也不留。意谓十分吝啬。

一白遮九丑

意谓人皮肤白皙了,可以遮掩掉其他的缺陷。

一百饶一下,打汝九十九

形容宽恕少而惩罚重。

一报还一报,不差半分毫

报:报应。本指种善因得善果,种恶因得恶果。后来用以指作恶肯定有报应。比喻做坏事会遭到报应,一丝一毫都不会差。

一步八个谎

形容撒谎成性的人。

一步赶不上,步步赶不上

指重要的事情一步没有走好,就会落入困境。

一步九回头

指人在原地徘徊不前,形容犹豫不决。

一步领先,步步领先

起重要作用的一步领先了,就会步步领先,处处处于主动状态。

一步一个脚印

走路有明显的踪迹可寻。意谓办事踏实可靠稳妥。

一步走错,步步走错

意谓起关键作用的一步走错了,就会一直错下去。

一部二十四史,不知从何说起

二十四部纪传体正史卷帙浩繁,不知从哪里说起才好。意谓某些事情极其复杂,头绪万千,很难叙述清楚。

一草示风向，一草示水流

一棵草的摆动可以显示出风的方向，一棵草的晃动可以显示出水的流向。比喻局部特征可以表现出全局的动向。

一长便形一短

有长的就能显示出短的来。比喻有好的便能显示出差的来。

一尺水翻腾做百丈波

意谓言辞过于夸张。

一锄头挖不出一口井来

意谓做事得有个过程，不是一下子就能把事做成。

一锄头也是动土，两锄头也是动土

意谓既然已经开始做了就干脆大干一场。

一处不到一处迷

意谓没去过某地，对那里的情况自然不了解。

一处松，百处松

指如果有一处放松的现象出现，就会有处处放松的可能。

一处无恩，百处无恩

指一个人在一处无情无义，到任何地方也是无情无义。

一传十，十传百

意谓疾病或消息传播得很快。

一打三分低

意谓只要动手打人，就亏了三分理。

一担灯芯草，烧不出一撮灰

指无用的东西即使数量再多，也不会产生多大的作用。

一旦被蛇咬，三年怕草绳

比喻有的人遭到一次挫折后，就变得缩手缩脚。也比喻受过一次祸害后，往往心有余悸。

一点水一个泡

意谓实实在在，说话算数。

一点一滴，汇成江河

一点一滴的水汇集在一起可以汇成大的江河，指积少可以成多。

一动不如一静

万事以静守为上策，不必采取什么行动。意谓多一事不如少一事。

一堵墙挡不住四面风

比喻单凭一个人的力量不足以抵挡各个方面的攻击。

一顿饭养恩人，千顿饭养仇人

指给人的接济虽少，但能及时满足急需，对方会感恩；资助越多越不能满足欲望，对方反而会恩将仇报。

一而二，二而三
由一至二，由二至三。意谓事情由此及彼联想开去。
一而二，二而一
意谓分开说虽有别，合着说则相同，名虽为二，实是一事。
一而再，再而三
意谓三番几次或者反复多次。
一发不可收拾
事情一经发生就不能收拾。意谓事态的发展难以控制。
一番拆洗一番新
衣被等经过拆洗就焕然一新。说明世事的发展变化。
一番手脚两番做
意谓明明可以一次做完的事却分两次去完成。
一方水土养一方人
一地资源能养育一地的人。
一佛出世，二佛升天
意谓折腾得死去活来。
一夫当关，万夫莫开
指只有一个勇士守着的关口，再多的勇士也攻不破。形容地势非常险要。
一福能消百祸
意谓交一个好运，就能避免许多灾祸。
一个巴掌拍不响
比喻单方面挑不起矛盾。也比喻一个人的力量是有限的，成不了大事。
一个虼蚤顶不起卧单
虼蚤：跳蚤。意谓个人力量有限，成不了大事。
一个姑娘小喘气，十个姑娘一台戏
意谓很多姑娘聚在一起，就十分热闹。
一个君子待了十个小人
指君子宽宏大量，能容小人的过错。
一个钱要掂掂厚薄
形容人特别小气，嗜钱如命。
一根单丝难成线，千根万根拧成绳
比喻个人力量小，成不了气候，众人团结起来力量大，就能办成大事。
一根肚肠通到底
意谓性格非常直率。
一根筷子容易断，拧成的麻绳拉不断
比喻单个个体奋战很容易被对手打倒，众人团结起来就会力量无穷。
一根麻不乱，十根麻扯成团
比喻事情要一件一件有条不紊地做，如果几件事扯在一起，头绪多了就容易出乱子。

一根木头支不了天

意谓个体力量弱小,不足以成大事。

一根竹竿容易弯,一把筷子折断难

比喻再优秀的个人,其承受力也是有限的,只有众人团结一起,才不会被困难吓倒。

一棍打一船

意谓全盘否定。

一好百好

意谓一样好,样样都好。

一鸡死,百鸡鸣

指一只鸡死了,其余的鸡就会鸣叫。比喻处在某个位置上的人不在了,或者死去了,就会有别人来接替他的位置。

一家不知一家,和尚不知道家

指各家有各家的情况,外人难以知晓。

一箭易断,百箭难折

比喻团结起来力量巨大,是不可战胜的。

一句虚言,折尽平生之福

旧时认为说一句不真实的话,会损害一辈子的幸福。

一镢头掏不成个井

比喻做事不可以急于求成。

一口不能着两匙

指一张嘴内不可能同时享用两把匙子。告诫人们,切勿贪婪。

一口吃不成个大胖子

意谓事情有逐步发展的过程,不会马上就见结果。

一口气吃成个胖子

意谓急于求成。

一口唾沫灭不了火,一根柴火烧不热锅

比喻数量太少解决不成大问题,或一个人势单力薄办不成大事。

一口吸尽西江水

意谓操之过急,想一下子就达到目的。

一块石头落了地

意谓心里非常踏实。

一力降十会

一个力气大的人能降伏十个会武功的人。指比武时体壮力大的人占优势。

一龙难戏千江水,一虎难登万重山

指英雄豪杰只凭自己单打独斗,不容易取得胜利。

一马不行百马忧

比喻局部出了问题会牵动全身。

一门不到一门黑

意谓每行每业都有各自的门道。

一面打墙两面光

意谓做一件事对双方都有利。

一面墙能挡八面风

意谓一个人是中流砥柱，能抵挡住众多的人。

一面墙砌不得，一面话听不得

只砌一堵墙，必定倒塌；只听一方之辞，必定片面。指兼听双方意见，才能作出正确的判断。

一亩之地，三蛇九鼠

指一亩地内，会有蛇、鼠等很多害人的东西。比喻任何地方，都会有坏人。

一年被蛇咬，三年怕草绳

比喻在某方面遭过劫难后，一旦遇到类似情况，便会心惊胆战。

一年不如一年

比喻旧社会穷人受剥削，光景不好过，日子一年比一年差。现指境况越来越差。

一年长工，二年家公，三年太公

指雇工因在主人家做事时间较长，态度日渐轻慢。也指做长工的在主人家的做工时间长了，慢慢地取得了主人家的信任，就会有一定的地位。

一年之计，莫如树谷

意谓做一年的打算，最好的计划是种植谷物。

一年之计在于春，一生之计在于勤，一日之计在于寅

一年计划的实施主要在春季，一生计划的实现关键在于勤劳，一天的安排在寅时就要考虑好。指不论什么事要早做打算，早行动，靠辛勤劳作才能实现。

一年种谷，三年生金

意谓一旦投入，便能获得丰盛的回报。

一娘生九子，九子连娘十条心

比喻人多心不齐。

一窍通时万窍通

指一个关键性的问题解决了，其他的就可以触类旁通。

一犬吠形，百犬吠声

吠：狗叫。指一条狗看到自己的影子就叫，结果别的狗也都跟着叫。也指一只狗见生人发出叫声，别的狗听到声音也跟着叫。比喻辨不出真假的人往往随声附和。

一群狐子不嫌臊

比喻臭味相投。

一人打铁锤不响，两人打铁响叮当

一个人做事不会引起响应，很多人做事就会引起轰动。

一人难趁百人意

指一人做事很难使大家都称心满意。也指一个人做事很难合乎众人的心愿。

一人气力担一担,众人力量搬倒山

指一个人的力量微不足道,众人团结起来的力量就可以排山倒海。

一人摊重,十人摊轻

一项任务,一个人承担,负担就重;大家分摊,各人的负担就变轻了。

一人一把土,堆起万丈山

每个人都动手做一件事,就会积少成多,成就大事业。

一人做事一人当

指一个人做的事,一个人承当,不推卸责任。

一日功好做,百日功难磨

指办事短时间内用功不难,长期坚持下去却很难。

一日三,三日九

一天接一天。意谓旷日持久。

一善足以消百恶

指以好心待人可以消除对方的恶感。

一石激起千层浪

意谓一件事产生了强烈反应。

一时比不得一时

指时间不同,情况也会不同,不能用以往的情况与现在的情况作对比。

一时猫脸,一时狗脸

意谓人的态度反复无常。

一时之胜在于力,长久之胜在于理

意谓依靠力量只能获得暂时的胜利,凭借真理才能得到长久的胜利。

一是一,二是二

指实事求是,老老实实。比喻说话实在。

一条毛毛虫,能把树蛀空

比喻一个不起眼的小人物在人们不注意的情况下,也会做出危害整体的坏事。

一条小泥鳅翻不起大浪

比喻小人物成不了大事情。

一条鱼,满锅腥

意谓因为一个人的错误而影响了全局。

一头人情两面光

意谓替人做一次好事使双方都觉得满意。

一头撞倒南墙

意谓实心眼或任性、蛮干,碰了壁也不回头。

一退六二五

珠算斤两法口诀,旧制一斤为十六两,一除以六是零点零六二五。意谓把责任推卸得一干二净。

一碗凉水看到底

意谓一眼就可以看透彻。

一碗水端平

意谓主持公道,不偏不倚,不袒护任何一方。

一问三不知

三不知:指事情的开头、经过和结局都不知道。意谓不管问什么,对方什么都不知道。

一物自有一主

意谓每件东西都有其合适的主人。

一席还一席

意谓有礼必报。

一蟹不如一蟹

比喻一个不如一个。意谓每况愈下,越来越差。

一心不能二用

一个人的心思不可以用在两件事上。意谓做事要用心专一。

一言不实,百事皆虚

意谓只要有一句话不是真的,那么许多事实也都不是真的。

一言抄百语

意谓总而言之。

一言既出,驷马难追

驷马:古代用四匹马拉的车子。一句话说出来,四匹马拉的车子也赶不上。意谓说出口的话不可以收回。

一言惊醒梦中人

意谓一句话让脑子糊涂的人茅塞顿开。

一言已定,千金不移

意谓信守诺言。

一叶落知天下秋

一片树叶落下来,就可以知道秋天已经来到。意谓从细微的迹象得知形势的发展或事情的变化趋势。

一叶障目,不见泰山

一片树叶挡住眼睛,就看不到眼前的泰山了。比喻局部的或表面的现象可以迷惑人,使人看不见事物的全貌或本质。

一饮一啄,事皆前定

古时认为人即便是喝口水或吃口饭,都是生前注定的。

一盏能消万古愁

盏:小酒杯。意谓一杯酒能解除无穷的忧愁。

一张口难说两家话

意谓一张嘴不可能同时说两件事。

一针不补,十针难缝

比喻小错误不纠正,等到造成损失就无法弥补了。

一正压百邪

意谓坚持正气就可以压倒一切邪气。

一之为甚,岂可再乎

甚:过分。意谓一次已是过分了,怎可再做。指错误不可再犯。

一支针没有两头利

一支针不会两头都锋利。比喻一件事不可能带来两次好处。

一枝动,百枝摇

拉动一棵树上的枝条,别的枝条也会跟着晃动。比喻局部的骚动会引起全局的动荡。

一粥一饭,当思来处不易

喝粥吃饭时应该想一想得来不容易。意谓要爱惜粮食,尊重别人的劳动。

一竹篙撑到底

意谓做事一次性做成。

一爪落网,全身被缚

意谓极小部分受制,就会造成全局的被动。

依靠群众撼山易,脱离群众折木难

指再难的事只要依靠群众就不愁办不成,再容易的事没有群众就没法办。

以大化小,以小化无

意谓尽可能地缩小事态。

以管窥天,以蠡测海

蠡:用瓠制成的水瓢。眼睛通过竹管看天,用瓠瓢量海。意谓见闻狭隘。

易分雪里粉,难辨墨中煤

雪花和白粉混在一起,雪融化后白粉就分出来了;石墨和煤炭混在一起,就不容易区分开来。意谓事物相似就不好辨其真假。

易涨易退山溪水,易反易复小人心

指势利小人的心易反复无常,就像山间溪水一样易起易落。

因风吹火,用力不多

借着风势吹火,很小的劲儿就能把火吹大。比喻抓住有利时机就容易取得成功。

因嫌纱帽小,致使锁枷扛

意谓因嫌官太小而拼命往上爬,最终落得枷锁套在脖子上。

阴地好,不如心地好

阴地:坟地。指墓地的风水好,比不上人心地善良能带来福气。换句话说,心地善良胜过坟地好。

饮水要思源,为人难忘本

喝水的时候要想想水的来源,做人不要忘本。

英雄最怕受恩多

指英雄好汉最怕欠人情债。

婴儿眼里有天堂

指在婴儿纯洁的心灵里,世上一切都是神圣的、美好的。

樱桃好吃树难栽

比喻享受容易,但创业很艰难。

迎风儿簸簸箕

意谓随声附和。比喻言语行动与事理相违背。

庸医不信药,俗僧不信佛

庸医:医术低下的医生。指庸医不信药的功效,俗僧不信佛的神明。比喻无知的人不把高明的人放在眼里。

用人容易识人难

使用一个人容易,了解一个人却很难。

用着菩萨求菩萨,用不着菩萨骂菩萨

比喻势利小人做事,用得上你时,就千方百计求情讨好;用不上你时,就冷落诽谤。

油锅内添上一指柴

意谓使事态更加严重。

油瓮里捉鲇鱼

比喻白出力气。

有比较,才有鉴别

通过比较,才能辨别出真假好坏。

有车就有辙,有树就有影

有车就会有车轮压出的印迹,有树就会有日光照射的树影。比喻做事再隐秘,也会留下踪迹,总会被发现。

有尺水,行尺船

指有多大本事就做多大的事,要量力而行。

有仇报仇,有冤伸冤

意谓冤仇一定要报。

有仇不报非君子

指有仇不报仇,称不上是好汉。古时认为有仇必须得报。

有初一就有十五

指坏事开了头,就会有第二次、第三次甚至更多次。

有洞必有妖,有鱼必有鲨

有山洞就会有妖怪,有鱼虾的地方就会有鲨鱼。比喻只要有一定的条件,就会有坏人出现。

有多大脚,穿多大鞋

比喻有多大本事,才敢办多大的事。

有恩报恩

指别人有恩惠于我，我一定要报答他。

有恩不报非君子，有仇不报非丈夫

指有恩仇不图报的人，算不得大丈夫。

有风不可驶尽

指乘风驶船，不能把船篷扯得太满。比喻人在得势顺利时，不可以过分嚣张。

有风方起浪，无潮水自平

有风才能掀起波浪；潮水不上涨，江面自然平静。比喻事情发生总有原因。

有斧子砍得倒树，有理说得倒人

指以理服人，就好比用斧子能砍倒树一样。

有个唐僧取经，就有个白马来驮着他

旧时认为世上的一切事情都早有安排。

有骨头不愁肉

有了骨头不愁长不出肉来。比喻保存骨干力量就不用担心发展壮大不起来。

有棍子打得蛇，有赃证打得贼

意谓掌握了足够的证据就可以惩治坏人。

有过之而无不及

意谓相比起来，只有超载而不存在赶不上这一说法。

有鸡天也亮，没鸡天也明

指有雄鸡报晓也好，没雄鸡报晓也好，天总是要亮的。比喻离开某个人或没有某个人都没有关系，事情照样能办成。

有家难奔，有国难投

意谓走投无路。

有理不送礼，送礼必无理

指有理的人不送礼求情，送礼求情的人肯定是理亏的。

有理压得泰山倒

有理才能战胜有权势的人。

有理言自壮，负屈声自高

有理说起话来自然气壮；受了冤屈，喊冤的声音必然响亮。

有理走遍天下，无理寸步难行

有理无论走到哪里都能行得通，无理无论走到哪里都会碰壁。

有利能成好朋友，无利路遇不点头

旧指以利衡量友情，有利益回报就是好朋友，无利益回报就是陌生人。

有了老婆不愁孩儿，有了木匠不愁柴

比喻有了条件就不要发愁会得不到想要的东西。

有了梧桐树，不愁凤凰来

比喻有好的环境就会引来好的人才。

有龙就有擒龙汉，有虎就有打虎郎

指强大或强壮的人总有制服他的高手。

有钱买马，没钱置鞍

意谓花钱不得当，舍得大额支出，却舍不得小的费用。

有钱难买经验多

经验是用钱换不来的。指经验极其宝贵。

有钱难买灵前吊

吊：吊唁。指人死后，能到灵前吊丧是非常难得的事。

有上梢，没下梢

比喻事情有好的开头却没有理想的结尾。

有说有的话，没说没的话

指人都是按各自的实际情况办事或解决问题的。

有天没日头

形容处境极为黑暗困苦。

有为才能有位

有所作为才能得到与之相匹配的职位。

有邪必有正，邪正不一道

意谓邪恶与正义毫不相容，但又相互依存。

有心不在迟

意谓有心去办某事，不管迟早，总能办成。

有一利必有一弊

指任何事情都有有利的一面，也有不利的一面。指事物总是有好有坏，利害相伴的。

有一说一，有二说二

指根据实际情况，实话实说。

有阴德者，必有阳报

意谓暗中多做好事，肯定会得到好报。

有枣儿也得一竿子，没枣儿也得一竿子

意谓做事不管有没有结果，都出力去做。

有智妇人，赛过男人

拥有智慧的女人往往胜过平庸无能的男子。

吃纣王水，又说纣王无道

纣王：商代最后一个君王，暴虐凶残。指既要依靠某人生活，又要说他的坏话。

又放羊，又拾柴

意谓同时得到两方面的好处。

又做巫婆又做鬼

指玩弄两面派的手法。

鱼大现形，树大招风

比喻目标大了，容易引起他人的注意，招来麻烦。

鱼儿挂臭，猫儿叫瘦

鱼儿挂在那儿腐烂发臭，猫儿吃不上饿得消瘦。意谓可望而不可即。

鱼儿虽小，鳞鳍俱全

指小鱼儿再小，也和大鱼一样，鳞鳍全都有。比喻一个集体规模再小，各部门组织也都齐全。

鱼过千层网，网后还有鱼

用细密的渔网捕鱼也总有漏掉的鱼。比喻搜捕再严密，也有漏网之鱼。

鱼离不开水，鸟离不开林

比喻离开赖以生存的环境，就失去了生存或生活的乐趣。

鱼落鼎里，死活由你

鼎：锅。指鱼落入沸水锅里，是死是活不是自己说了算。比喻身处绝境，无计可施。

鱼有鱼路，虾有虾路

比喻各人有各人的生活道路，彼此互不干扰。

鱼找鱼，虾找虾，王八找个鳖亲家

比喻同类的总是聚在一起。多用于贬义。也比喻好人和好人做朋友，坏人同坏人做朋友。

与其一人苦思，不如大家商量

指遇到问题最好和大家一起商量。

雨里孤村雪里山，看时容易画时难

比喻脱离尘世，出家隐居，看起来很清高，但做起来却非常难。

欲加之罪，何患无辞

意谓想加罪于人，不担心找不到借口。

欲人不知，莫若不为；欲人不闻，莫若勿言

不想让他人知道的事最好不要去做；不想让他人听到的话最好不要说。

欲行千里，一步为初

意谓要远行千里，就得迈好第一步。

欲要知究竟，处处细留神

意谓要弄清楚事情真相，必须处处留神，认真观察。

欲知山中路，须问打柴人

要知道山中的路径，应该向在山中打柴的人请教，意谓要了解事情的根底，就要向熟悉情况的人请教。

遇方便时行方便，得饶人处且饶人

能给别人便利时就多提供便利，能宽恕别人时暂且宽恕。劝诫人宽容，少与人争斗。

远观不如近睹

意谓从远处眺望不如在近处看得清楚。

远桥三里就落篷

船离桥还很远就开始收帆放倒桅杆。意谓未雨绸缪,及早做准备。

远水不解近渴

远处的水解决不了眼前的口渴。比喻缓慢的措施解决不了紧急的问题。

远在儿孙近在身

旧指作恶的人会有报应,远的应在儿孙身上,近的报应在自己身上。

远在天边,近在眼前

指要寻找的人或事物就在眼前。

怨废亲,怒废礼

指人在怨恨恼怒时常常顾不上亲情礼义。换句话说,人们在怨恨时,常常会不顾及亲人的情面;愤怒时常常会不顾日常的礼节。

月满则亏,水满则溢

月圆时就转亏,水满时就溢出。比喻事物发展到顶点就会朝相反的方向转化。

月怕十五年怕半

指时间只要过了一半,剩下的时间就会过得很快。

越经过风雨的草越兴旺,越经过苦难的人越坚强

指人的坚强和乐观是在艰难的环境中磨炼出来的。

云从龙,风从虎

指云跟着龙行,风随着虎起。比喻杰出人物总是应时而生。

运去黄金失色,时来铁也生光

古时认为,如果时运不再,再有能耐的人也无计可施;如果时运来临,没有本事的人也可以处处顺利。比喻运气不好的时候什么事都办不成,运气来的时候,什么问题都可以顺利解决。

Z

栽林养虎,虎大伤人

比喻对坏人好心养育照料,往往会落得恩将仇报的下场。

在家千日好,出门一时难

意谓出门在外即便时间很短,也不如在自己家里方便舒适。

在山泉水清,出山泉水浊

指泉水在山间石上流,水是清的;一流出山,泥沙混杂,水就浊了。比喻旧时的仕子,未到官场,还是一派正气;一入官场,便利令智昏,同流合污。

在什么山,唱什么歌

意谓看机行事。根据不同情况作出不同的处理措施。

在势的狸猫欢似虎,落配的凤凰不如鸡

比喻小人得势便无比嚣张,君子一旦陷入困境便受人欺侮。

在一方,吃一方

指人依靠所处的环境生活。

赞人陷人皆是口,推人扶人皆是手

同是一张嘴,既能称赞他人,也能陷害他人;同是一双手,既能把人推向深渊,也能帮助他人。劝人要多做赞人、扶人的好事。

遭劫的好躲,在数的难逃

劫:指抢劫。数:指劫数,佛教指早已注定的灾难。旧时认为遭受抢劫还可躲避,命中注定的灾难无法逃脱。

早知水淹人,何必偏下水

意谓早知道结果这么严重,当初就不该匆忙行事。

贼没种,只怕哄

意谓贼不是天生的,都是受人哄骗学坏去做贼的。

贼难冤,屎难吃

冤:冤枉。意谓冤枉他人做贼偷窃,就像叫人吃屎一样不容易做到。

贼去关门

意谓出了差错才作防范。

贼人安着贼心肠,老鼠找的米粮仓

意谓恶人不安好心,总会做损人利己的坏事。

贼人心胆虚

意谓做贼的人心虚胆怯,惟恐被人察觉。

贼是小人,智过君子

盗贼虽然人品不怎么样,但智力却有过人之处。意谓对盗贼要谨慎防范。

贼偷一更,防贼一夜

意谓要时刻防范坏人捣乱破坏。

贼偷易家

贼专偷那些没有防范意识、容易下手的人家。

贼无赃,硬似钢

指坏人做了坏事,没有证据就不会承认。

贼咬一口,入骨三分

意谓受到坏人的诬陷,遭受沉重的祸害。

曾着卖糖君子哄,到今不信口甜人

指被人哄骗一次后,就再不会轻信别人的甜言蜜语。

乍入芦圩,不知深浅

芦圩:长着芦苇的洼地。指初到一个地方,不了解情况。比喻刚到一个新地方,或者刚做一件不曾接触过的事情,不熟悉情况,不了解底细。

占着茅厕不拉屎

比喻占着职位却不做事。

战斗环境出英雄，艰苦条件出智慧

指艰苦的环境能磨炼一个人的胆略、智慧和才干，能造就出优秀的人物。

站得高，看得远

立足点越高，看得就越远。比喻人的胸怀宽广，目光也会远大。

站得正不怕影子斜

意谓自身行为正派，就不怕别人说长道短。

站在干岸上怕湿鞋

意谓冷眼旁观，害怕惹麻烦。

站在锅边，看见锅沿；站在坡尖，看见天边

指人看问题立足点低，视野就会很狭窄；立足点高，视野就会很宽广，问题也会看得比较透彻。

站在江边上，必有望景心

意谓做每一件事，都有目的和意图。

站着说话不腰疼

意谓事情没发生在自己头上，站在一边说风凉话。

张公吃酒李公醉

指姓张的喝酒，姓李的醉了。比喻一方得到了实际利益，另一方却白担着罪名，代人受过。

张口不骂笑脸人

指人不会辱骂笑脸相迎的人。

掌舵的心不慌，乘船的才稳当

在大风大浪中，掌舵的人不慌乱，坐船的人就不会紧张。比喻遇事只要领头的人沉着冷静，众人的情绪才能平静稳定。

丈二和尚摸不着头脑

比喻事情来得太突然，使人莫名其妙。

丈夫有泪不轻弹

男子汉大丈夫不轻易流眼泪。意谓男子汉感情凝重，性格刚强。

招风的大树不遮寒

能招引风的大树挡不住寒冷。喻指是非之地不安全。

招惹虱子头上挠

意谓自找麻烦。

照样画葫芦

意谓只会模仿他人，没有创新性。

照着葫芦画不出瓢来

比喻相似的事物有本质的区别，不能随便模仿，或采取同一种处理方式。

折一枝荷，烂掉一窝藕

比喻不珍惜爱护细小的地方，会导致很大的损伤。

这山望见那山高

比喻总不满足已有的,企盼获得更多的东西。也比喻在岗位上容易见异思迁,对已得到的永远不会满足,总是羡慕着未得到的好东西。

贞良而亡,先人余殃;猖獗而活,先人余烈

指好人早死,那是先人留下的灾殃;恶人过得幸福,那是先人留下的恩泽。古时指祖先行为的善恶会直接影响到下一代。

真的假不了,假的真不了

指真假混淆是不可能做到的。也指真的就是真的,假的就是假的,二者无法混淆。

真话好说,假话难编

说真话容易,说谎话编得再好也会出漏洞。

真金不怕火

比喻真的东西经得起考验。也比喻真人经得起考验。形容货真价实的东西不怕检验。

真金不怕火来炼

真正的金子不怕烈火煅烧,比喻意志坚定的人能经受得住种种考验。

真神面前烧假香

指在有识别能力的人面前说假话。

真心要吃人参果,哪怕山高路难行

人参果:传说中形状像婴儿的一种仙果。意谓决意要做某事的话,再大的困难也足以克服掉。

睁眼说瞎话

意谓不顾事实地乱说一气。

正担好挑,偏担儿难挨

指两头重量相当的担子好挑,一头重一头轻的担子不好挑。

芝麻开花节节高

比喻生活水平逐渐提高,生活一天比一天过得幸福。

知理不怪人,怪人不知理

懂得事理或了解底细就不会轻易责怪人,随便责怪人的往往不懂事理或不知内情。

知其一不知其二

意谓只知道事情的某个方面,缺少对整体的了解。

知情者不怪人,怪人者不知情

意谓了解事情缘由就不责怪别人,责怪别人往往是由于没有弄清情况。

知人知面不知心

意谓很难知道人的真实想法。

知人知面不知心,未可全抛一片心

指人心难测,不要把心里话全说出来。

直钩钓不了鱼

意谓方法过于直接简单,不能解决问题。

直木适作梁,弯木宜作犁

挺直的木材宜做栋梁,弯曲的木材宜做犁具。比喻任何东西都有与其特性相应的用途。

只可意会,不可言传

意谓只可以心领神会,不能用言语来表达。

只怕睁着眼儿的金刚,不怕闭着眼儿的佛

金刚:佛教称佛的卫士。比喻都怕外表凶恶的人,不怕慈眉善目的有真本事的人。也比喻怕硬不怕软。

只手难遮天下目

比喻妄想欺瞒众人是办不到的。

只听楼梯响,不见人下来

比喻只是嘴上说说,没有行动。

只要功夫深,铁杵磨成针

只要肯下工夫,铁杵也能磨成细针。比喻只要工夫下得深,再难办的事情也能办成。

只要桨花齐,不怕浪花急

意谓只要众人齐心协力,任何艰难险阻都可以战胜。

只要立得正,不怕影子歪

意谓只要品行端正,就不怕别人说长道短。

只要人手多,牌楼抬过河

牌楼:做装饰用的建筑物。意指人多力量大,再不好办的事也能办得到。

只要先上船,自然先到岸

意谓行动早就能早达到目的。

只有冻死的苍蝇,没有累死的蜜蜂

意谓懒惰的人会冻得死去,勤劳的人则会筋骨强壮。

只有锦上添花,哪有雪中送炭

指人们通常只肯做好上加好的事,而不愿帮助有急难的人。比喻有权有势的人,会有人来巴结;穷苦的人很难得到他人的帮助。这是反映旧社会的世态炎凉。

只有上不了的天,没有过不了的关

意谓天底下没有解决不了的难题。

只有鱼吃水,没有水吃鱼

比喻凡事都应遵循常理。

只知其一,不知其二

意谓只了解其中的一部分,而不了解其他的情况。

只重衣衫不重人

指对待一个人只注重他的衣着,而不注重他的人品。这是一种世俗势利的行为。

纸虎儿吓不得人

意谓表面令人害怕，实际上一点都不厉害。

纸里包不住火，雪里埋不住人

比喻事物的真相难以隐瞒，总会暴露出来。

纸鸟经不住风吹，泥人架不住雨打

比喻虚假的东西经不起考验。

纸上的烧饼不充饥

意谓徒有虚名而没有实实在在的好处。

指佛穿衣，靠佛吃饭

出家人衣食全靠佛赐予。意谓听天由命。

至诚金石为开

只要心诚，再坚硬的东西也可以打开。指诚心诚意可以感动人，使人回心转意。

治表容易治本难

不论什么事从表面上处理很容易，要从本质上解决却很难。

治大者不治细，成大功者不成小

具有做大事的才干的人不做小事，具有建立大功才干的人不立小志。意谓大才不能小用。

中间没人事难成

意谓没有中间人参与，事情就不容易办成功。

中看不中吃

中：适宜。比喻外表好看的东西，实际上并不一定有多大用处或价值。

忠臣择主而侍，君子择人而交

指忠臣常常选择有作为的人侍奉，品德高尚的人也常常选择品行好、才学高的人交往。

钟在寺里，声在外边

指事情发生在内部，外界却尽人皆知。比喻事情或人的名声，总免不了要传播出去。也比喻事情隐瞒不住，终究会被外人知道。

种豆防饥，养儿防老

古时认为就如同种庄稼为的是填饱肚子一样，生儿育女的目的是为了有人可以养老送终。

种瓜得瓜，种豆得豆

指播种什么就会收获什么。原为佛教语，比喻因果报应。指有什么样的前因，就会有什么样的后果。也比喻做了什么样的事情，就会得到什么样的后果。

种花一年，看花十日

种花得很长时间，供人观赏时间却很短。指观赏花容易，种花却难。

种牡丹者得花，种蒺藜者得刺

蒺藜：一种带有尖刺的草本植物。比喻好有好报，恶有恶报。也比喻有什么原因就有什么结果。

种田不熟不如荒,养儿不肖不如无

意谓养的儿子不成才不如不养,就像种庄稼无收成,不如让田荒芜一样。

众口毁誉,浮石沉木

很多人的诽谤和赞扬可以颠倒黑白,使石头漂浮起来,木头沉入河底。意谓流言蜚语可以颠倒是非,黑白不分。

众口难调

调:调理。每个人的口味不同,饭菜很难使众人都满意。意谓做一件事,很难使每个人都满意。

众口销骨,三人成虎

众人说的都一样,可以置人于死地,一连有三人谎报街头有老虎,就会让人信以为真。意谓谣言或讹传反复重复,就会以假乱真,蛊惑人心。

众盲摸象,各说异端

一群盲人去摸象,摸腿的说像木柱子,摸鼻子的说像粗绳子,摸耳朵的说像大扇子。意谓看问题不应该像盲人摸象那样以偏概全。

众怒难犯,专欲难成

意谓不能触犯众人的愤怒,独断专行会导致什么事也做不成 。

众人的眼睛是杆秤

意谓人们对事物有公正的评论。

众人拾柴火焰高

大家都捡柴火,火势就会大。指参与的人数多,力量就大。

众人是圣人

指群众的智慧和力量是不可估量的。

众人心里有杆秤

意谓大家的评论是公平、正直的。

众人一条心,黄土变成金

只要大家团结合作,同心协力,什么事情都可以办成。

众生好度人难度

众生:指人以外的各种动物。度:佛家语,超度脱离苦难。指动物容易超度,而人却不好超度。指人心险恶,会有恩将仇报的举动,所以救人不如救动物。比喻人远比动物要复杂、险恶。

众志成城,众口铄金

万众一心,坚如城墙;众口一词,可熔化金属。意谓心齐力量强,舆论影响巨大

众议成林,无翼而飞

许多人说平地变成树林,没有翅膀的鸟会飞翔,大家都相信。意谓谣言传的人多了,就会以假乱真,蛊惑人心。

众志成城,众力移山

靠众人的力量什么事都能办到。

重恩不言谢

指别人有重恩与我，我要以生死报答，不能只从口头上表示感谢。

周身是刀没一把利

周身：浑身，全身。意谓办法很多，但没有一个是有效的。

猪急了蹿圈，狗急了跳墙

蹿圈：向上或向前跳。意谓人被逼急了，就会为达到目的无所顾忌。

猪羊走入屠户家，一步步来寻死路

意谓自寻死路。

猪爪煮了一千滚，总是朝里弯

意谓人总是袒护关心自己的人。

竹篮打水，劳而无效

比喻徒劳无功。

竹子根多，小人心多

意谓卑鄙小人的坏心眼同竹根一样多。

煮饭要放米，说话要讲理

意谓就像煮饭不放米就煮不成饭一样，说话不讲理就不算人话。

住场好，不如肚肠好；坟地好，不如心地好

指住地或坟地的风水好，都不如心地善良重要。

住的青山寺，哪知殿里僧

意谓生活条件优裕的人，体会不到贫穷人的艰难处境。

住久人心淡

指在别人家住的时间长了，相互之间的感情就会变得很淡薄。

助祭得食，助斗得伤

意谓帮助祭祀的人能得到食物，帮助别人斗殴的人会受到伤害。

妆未梳成不见客，不到火候不揭锅

比喻时机不合适不采取行动或不发表见解。

装下的不像，磨下的不亮

比喻再巧妙的伪装也不过都是假的。

着急吃不上焖火饭

意谓做事没耐心就不会得到圆满成功的结果。

着三不着两

意谓说话做事没有中心，不分轻重缓急。

着意栽花花不发，等闲插柳柳成荫

着意：用心。等闲：不经心。意谓存心要办成的事，往往办不成，无意间做的事却取得很好的效果。

子用父钱心不痛

指儿子花父亲的钱不会心疼。也指所花费的钱不是自己的，所以不知节约。

自古嫦娥爱少年

指从古到今,少女爱恋的是年少英俊的男子。

自古感恩并积恨,万年千载不成尘

成尘:化为尘土。指恩仇最让人难忘。

自古红颜多薄命

意谓自古以来美貌女子大多命运不好。

自古饶人不是痴

指宽恕他人并不是犯傻的举动。意指人应该宽宏大量。

自己的耳朵看不见

比喻自己做的事,自己认识不清。也比喻自己的缺点不容易被自己发现。

自己的梦自己圆

圆:圆梦,解说梦的吉凶。自己的问题需要自己去反省纠正。

自己各扫门前雪,休管他人瓦上霜

旧指凡事自己只管自己,别人的事,不论事大事小,一概别管。

自己贪杯惜醉人

意谓怜悯与自己有相似经历的人。

自己有马好备鞍,自己有毡好挡雨

比喻做事自己必须拥有实力,这样才能独立自主,不受人控制。

自家掘坑自家埋

意谓自食其果。

自家有病自家知

比喻自己的情况、自己的问题等,自己心里最有数。

自酿苦酒自己喝

意谓自己造成的祸害自己承受。

自谦则人愈服,自夸则人必疑

意谓自己谦虚,别人就会信服你;自己夸自己,别人就会怀疑你。

自然来的是福,强求来的是祸

意谓顺其自然,容易得福;勉强追求,容易招祸。

自身心事自身知,各人自有各人事

指每个人都有自己的心事,只有自己最清楚。

自是桃李树,何患不成蹊

本身是桃树李树,就别怕树下不成路。意谓只要有真才实学,人们定将争相任用。

自推自跌自伤嗟

嗟:叹息。意谓因自己的过失导致的结果,只能自己悲伤感叹。

自心无邪,鬼避三舍

三舍:古时行军三十里为一舍。意谓只要自己正直无邪,鬼怪也会远远避开。

自作孽，不可活

意谓自作自受。

自做师婆自跳神

师婆：古时的六婆之一，以跳神为主业。意谓自行其是。

纵有大厦千间，不过身眠七尺

指住处不必十分宽大奢华，只要能住下就足够了。比喻虽然拥有很多财富，但个人生活所需要的东西，只是其中很小的一部分。劝诫人对财富的追求要适可而止，不可以过分贪婪。

走不走留路，吃不吃留肚

留路：留退路。留肚：不过饱。意谓说话做事要留有余地。

走的夜路多，难免遭到鬼

意谓坏事做多了，总有一天会被人发现。

走尽天边是娘好

意谓走遍天下，只有自己的亲娘最疼爱自己。

走了一步说一步

走到哪儿算哪儿。意谓心里没底，只能试着来。

走路防跌，吃饭防噎

走路要小心摔倒，吃饭要防止被噎着。意谓凡事不能粗心大意。

走马有个前蹄失，急水也有回头浪

比喻无论做什么事情都可能会有闪失、挫折。

走三家不如坐一家

到处求人不如坐守一家。指求人帮忙要一求到底。

走杀金刚坐杀佛

金刚：护卫佛的神将。佛陀有事吩咐金刚去做，有的很忙，有的却很闲。意谓忙闲不均。

祖坟上冒青烟

旧时认为积了德的祖辈，其后代自有出息。

嘴强争一半

意谓能言善辩的容易占便宜。

嘴上无毛，办事不牢

牢：牢靠。意谓年轻人没有经验，常常办不好事情。

最毒妇人心

旧时认为女人的心最狠毒。

最甜家乡水，最亲故乡人

意谓家乡的山水最可爱，家乡的父老乡亲最可亲。

最希望市场混乱的是扒手

指秩序越混乱，对坏人越有好处。也指坏人常混水摸鱼。

醉是醒时言

意谓一个人喝醉酒时说的话是清醒的时候最想说的真心话。

醉翁之意不在酒

意谓本意不在这方面而在别的方面。

左右没是处,来往做人难

指不论怎样做都是错的,非常为难。

佐酒得尝

意谓在旁边出力的人会得到好处。

作啥吃啥,卖啥吆喝啥

指从事哪一行,就得做哪一行的事情,靠它吃饭。

作舍道边,三年不成

在路边造屋,和人商量,三年也造不成功。意谓众说纷纭,难以成事。

做事必须踏实地,为人切莫务虚名

做事、为人都要踏踏实实,不要追求虚荣。

作贼人心虚

意谓做了坏事,因担心被人察觉而惶恐不安。

坐得船头稳,不怕浪来颠

意谓行为端正或拿正主意,就不怕他人说三道四。

坐得正来立得正,哪怕和尚尼姑合板凳

意谓行为正派,就不怕人议论。

做饭瞒不了锅台,挑水瞒不了井台

意谓做任何事情都瞒不住最了解底细的人。

做事勿可强求,说话勿可过头

意谓说话做事都要顺其自然,适可而止。

做事要在理,煮饭要有米

指做事要合乎情理,就如同煮饭要有米一样。

做一日和尚撞一日钟

撞钟是和尚的职责。意谓不求进取,得过且过地混日子。

做贼三年,不打自招

意谓做坏事时间长了,就会自我露馅。

做贼者心虚,说谎者理屈

意谓做贼说谎的人,经不住三查六问。

做着不避,避着不做

意谓做事光明磊落,不逃避责任。

卷七　生活　饮食　起居

A

爱美之心，人皆有之

说明在生活中每个人都对美好的事物充满热爱之情。

爱之深，妒之切

说明男女之间爱得越深，越是排他。

B

八成饱健身，十成饱伤身

说明合理控制饮食有益于身体健康。

八十四，懂人事

说明上了年纪的人生活阅历丰富，非常明白事理。也说明人到了一定的年龄才会真正地懂得事理，感悟人生。

白菜萝卜汤，益寿保健康

说明多吃白菜萝卜汤，对自己的健康长寿有很大的帮助。

百金买房，千金买邻

说明选择好邻居比购置好房子更为重要。

百年前结下缘

旧指男女姻缘原是五百年前早注定的。

百岁不为高，无病寿更长

说明活到百岁也不算是高寿，只要没有病就会更加长寿。

半大小子，吃跑老子

说明十多岁至二十多岁的小伙子饭量很大。

半路夫妻赛冰霜

说明半路夫妻感情很难融洽。

半桩小，吃过老

说明个头不高的孩子，饭量超过成人。意谓半小不大的孩子，吃起饭来比大人的饭量还要大。

邦之不臧，邻之福也

说明国家不强大，邻国便得到好处。

帮衬男人为光景，恩养儿女为防老

说明帮助丈夫为的是过上好日子，抚养儿女为的是老有所养。

膀宽腰细，必定有力

说明肩膀宽而腰细的男人，是非常有力气的。

饱乏饿懒

说明人吃饱了就会感到疲倦，饿肚子便没有力气，懒得动。

饱时酒肉难入口，饿时吃糠甜如蜜

说明吃饱了，酒肉一类的美食也难以下咽；饥饿时，吃糠也感到格外香甜。

饱厌烹宰，饥餍糟糠

说明饱的时候大鱼大肉也吃不下；饿的时候糟糠一类的粗劣食物也会感到满意。

暴食无好味，暴走无久力

说明吃得太猛，品不出好味道；走得太快，会感到力不可支。意谓不能急于求成。

碧桃花下死，做鬼也风流

意谓为男女风情而死，死了也是风流鬼。

表壮不如里壮

意谓丈夫出色不如妻子贤惠来得好。说明丈夫有能耐不如妻子善于管家，妻子如果贤惠，丈夫就可以避免遭难。

别人的金屋银屋，不如自己的穷屋

说明别人的家再富有，也比不上待在自己家里舒适。

别人家的肉，哪里煨得热

说明领养的孩子总是不贴心的。意谓不是自己亲生的骨肉，感情不容易融洽。

不经厨子手，没有五味香

说明如果没有经过厨师的烹调，就不会有饭菜的香甜。

不怕慢，就怕站，不走弯路就好办

说明走路或做事不怕行动得慢，就怕停顿，就怕走弯路。

不怕人老，只怕心老

说明年岁大并不可怕，意志衰退才是最可怕的。意谓不怕人年岁大，就怕人的心情老，意志衰退。

不听老人言，吃亏在眼前

说明不听从老人的意见，马上就会有损失。意谓不听老年人的教导，随时都会吃亏上当。

C

才子佳人，一双两好

说明才子和佳人相配，是极为合适的。意谓才子配上了佳人，正好是一桩好姻缘。

菜根滋味长

说明蔬菜清淡味美，百吃不厌。

菜里虫儿菜里死

说明蚕食蔬菜的虫，最终还是死在菜里。意谓从事某种冒险行当的人，如不及早收敛，最终不会有好下场。

菜没盐无味，话没理无力

意指说话没有道理便没有力量，如同菜里没盐就不会有味道似的。

菜养容颜饭养命

说明多吃蔬菜可使容颜润美，维持生命却要靠饭食。

蚕老不中留，人老不中留

意指蚕一老，就会迅速成茧自缚，一刻也不能停留。也说明蚕老了没用，人老了要离世，女大了要出嫁，想留也留不住。

草活一秋，人活一世

说明人的一生虽比草活的时间要长，但也是短暂的。比喻人应该珍惜光阴，不要虚度年华。

草深不碍路

说明再多、再高的草也不会阻碍走路。意谓一些细枝末节的东西是不影响大局的。

茶房酒店最难开

说明酒店、茶馆易闹事，最难经营。

茶馆酒店无大小

说明在茶馆、酒店里不必拘于辈分、年龄、职位等，可以随便谈论。

茶馆酒肆，没有撅朋友的

说明在茶馆、酒店里没有难为朋友的。

茶喝多了养性，酒喝多了伤身

说明茶味清爽，喝多了能静心养性；酒性浓烈，喝多了有害身体。

茶喝二道酒喝三

说明二道茶味正浓，三杯酒后便会兴奋起来。

茶喝后来酽，好戏压轴子

说明茶越喝到后头越浓，戏越演到后头节目越好。泛指后边的往往更精彩。

茶瓶用瓦，如乘折脚骏登高

说明用瓦器装茶，如骑跛马登高坡一样。也说明瓦器装茶，会使茶味变坏。

茶是草，箬是宝

说明用箬竹焙茶，味道纯正；用箬叶包茶，茶味不走。离了箬，茶如同草一样无味。也说明箬对保护茶叶味道起到较大的作用。

茶水喝足，百病可除

说明常喝茶水对身体健康是非常有益的。

茶为花博士，酒是色媒人

说明茶和酒往往是撮合色情关系的媒介。

茶烟不分家

说明茶、烟不分你我,可共同享用。这是让人喝茶、抽烟时的客气语。

茶越泡越浓,人情越交越厚

说明人情交往如同茶叶越泡越浓一样,越交往感情越深厚。

拆散人家好姻缘,死了要进地狱门

说明拆散或破坏别人的好姻缘是最不道德的事,即使死后也要入地狱受惩罚。

馋猫鼻子尖

说明爱吃好食的猫,嗅觉特别灵敏。意谓吃嘴的人贪图美味。也说明贪恋女色的人总不放过任何可乘之机。

长安虽好,不是久恋之家

说明京城虽然繁华但不是久留之地。也泛指某地虽好,但不可久留。

长兄如父,长嫂如母

说明父母去世后,大哥与大嫂代替父母亲行使职权,承担起家庭的责任。

长者赐,不敢辞

说明对长辈的赏赐,晚辈应恭敬接受,不应推辞。

肠里出来肠里热

说明自己生养的孩子自己关爱。意谓是亲生的儿女,母亲总是疼爱自己的骨肉。

常常坐首席,渐渐入祠堂

说明常常坐在首席之上的人,也就意味着生命不长久了。

车轮是圆的,两口子打架是玩的

说明年轻夫妻吵架是平常小事,转眼就会和好如初。

称过的骨头买过的肉

说明女子被娶到夫家,如同骨头和肉一起被称着卖过去一样,任人家主宰。

成不成,两三瓶

说明说亲之事,成与不成都得请媒人喝上三两瓶酒。也说明办事以前先要请有关人员吃上一顿。

秤锤虽小压千斤

意谓年龄小、外表不雄伟,却具有非凡的能力、起大作用。

吃百家饭,得百家福

说明吃了百家的饭,就能分享百家的福分。

吃不了辣椒汤,爬不上高山冈

说明受不了辣椒汤的冲刺,便没勇气爬高山顶。也说明喝下辣椒汤,能增加体内热力,才能爬上高山。

吃菜不如看菜,看景不如听景

说明没有尝过的菜,没有看过的景,倒还觉得新鲜,一旦尝尝看看,反而会觉得很平常。

吃菜要吃心,听话要听音

说明吃菜要吃菜心,才能尝到最鲜嫩的部分;听话要听音,才能体会到对方的真正意图。

吃葱吃白胖,吃瓜吃黄亮

说明白胖的葱有味道,外形黄而发亮的黄瓜好吃。

吃到着,谢双脚

说明吃到了好东西,得感谢自己的两只脚跑得快,赶上了。

吃得慌,咽得忙,伤了胃口害了肠

说明吃饭过快对身体有害。

吃得筵席打得柴

说明既能在宴席上当上客,也能去深山老林中打柴。也说明人要能享得富贵又能受得住穷苦。

吃饭不要闹,吃饱不要跳

说明吃饭时不要打闹;吃饱后不要做剧烈运动。

吃饭穿衣,人人不离

说明吃饭穿衣是人最基本的生活需求,谁也离不开。

吃饭的栈,睡觉的店

说明只在家中吃饭睡觉。意谓不关心家里的事。

吃饭先喝汤,不用请药方

说明吃饭前先喝几口汤,能滋润肠胃,提高消化功能。

吃惯了嘴,跑惯了腿

形容贪吃贪玩一旦成了习性,就由不得自己了。

吃过肚记

说明吃了多少食物,肚里应该有个数。意谓自己做的事,心里最清楚。

吃过黄连的人,才知道蜜糖的甜

意谓生活的苦与甜,只有通过亲自体验才能真正明白。

吃过黄连的人不怕苦

说明黄连味最苦,能吃黄连,其他的苦就不怕了。也说明受过大苦的人不怕吃苦。

吃姜还是老的辣

说明姜放的时间久了,其味道才更辣。意谓老年人阅历深,经验丰富。

吃尽味道盐好,走遍天下娘好

说明在所有的味道中,盐的味道最不能缺少;在所有的人里,母亲的恩情最重。

吃酒包婆娘,亦空三千粮;摘醋咬生姜,亦空三千粮

摘醋咬生姜:形容生活困苦。意谓挥霍、节约都要欠债,倒不如图个畅快。

吃酒不吃菜,必定醉得快

说明光喝酒不吃菜便容易醉。

吃酒不言公务事

说明聚饮时不要谈论政事的好坏。也就是说,酒后情绪容易失控,谈论政事易偏激,会出乱子。

吃苦菜，莫吃根；交朋友，莫忘恩

说明朋友之间要讲恩情，忘恩负义终究要吃亏。

吃来总嫌淡，喝茶嫌不酽

说明吃菜总嫌味道淡薄，喝茶总嫌味道不浓。也指菜味过咸，茶味过浓，不合饮食之道。

吃了不疼糟蹋痛

说明食物也好，药物也好，吃了不算浪费，糟蹋了就可惜。

吃了冬至饭，巧女儿多做一条线

说明过了冬至，白天渐长，姑娘们在家里可以多做一些穿针引线的活儿。

吃了饭儿不挺尸，肚里没板脂

说明饭后不卧床休息，体内便缺少脂肪。也说明饭后适当休息能保养身体。

吃了河豚，百样无味

说明吃过河豚之后，吃啥都觉得没有味道了。意谓放了肥缺后，就觉得啥官都没干头了。

吃了萝卜菜，百病都不害

说明萝卜有顺气、助消化、镇咳、祛痰的功效，常食用可强身健体，预防疾病。

吃了僧道一粒米，千载万代还不起

提醒人不要轻易吃和尚、道士的饭。

吃了十分酒，方有十分力

说明人吃饱喝足了，才能充分发挥其力量。

吃了是福，穿了是禄

说明吃在肚里穿在身上才是真正的福气。

吃米带点糠，一家老小都安康

说明吃一些粗粮对身体是有益处的。

吃馍喝凉水，瘦成干棒槌

说明光吃粮食不吃蔬菜副食，对身体是有损害的。

吃奶像三分

说明新生婴儿吃了谁的奶就有点像谁。

吃人家的下眼角子食不香

说明看着人家的脸色吃饭或依照别人资助生活，心里不是滋味。

吃肉得润口肉

说明吃肉要吃适合口味的肉。

吃杀馒头当不得饭

说明老是享用一种平常的东西，便不会感到满意。

吃素不吃荤，长不成强壮人

说明光吃素食不吃肉食，身体就不结实。

吃五谷杂粮，保不住不生病

说明人如果饮食不当，即使吃粮也免不了要生病。

吃一个席,饱一集

说明吃了好席面能耐饥饿。

吃鱼别嫌腥,嫌腥别吃鱼

意谓既要干不正当的事,就不要怕损坏名声,怕名声不好就别干。多指色情之事。

吃在脸上,穿在身上

说明饮食营养丰富,脸色就好;穿得阔气,全身就显得精神。

吃在中国,味在四川

说明中国人讲究吃,四川菜尤其香浓可口。

吃着碗里的,看着锅里的

指端着碗吃饭时,还看着锅里。意谓人心贪婪。

吃着滋味,卖尽田地

说明只图吃得有滋有味,会把田地都卖光。也说明吃喝没有止境,有多少都可吃空。

痴心女子负心汉

说明男女婚恋,女子心眼实,多相思入迷,男子多新喜厌旧,无情无义。

迟饭是好饭

说明饭吃得迟了,肚子很饿,因此食欲就强,便会觉得饭特别香。

臭鱼烂虾,健康冤家

说明吃了不新鲜的鱼虾容易得病。

出的门多,受的罪多

说明出门在外总会有许多不便,总是吃苦受累。

出门方知在家好

说明出门在外才真正领会到在家的好处。

出门三辈小

说明在外闯荡,常会有求于人,所以要谦虚,要尊敬别人。

出门由路,进屋由天

比喻一旦出了门,回家的日子就难以确定。

出门嘴是路

说明出了门不认识路不要紧,要向别人询问。

出外十里,为风雨计;出外百里,为寒暑计;出外千里,为生死计

外出十里远,要做好防风避雨的防备;外出百里远,要带好防寒避暑的衣物;外出千里远,危险多,更要谨慎。

出外一里,不如家里

说明出门在外总不比在家里自在。

出外做客,不要露白

说明出门在外,不要暴露自己所携带的钱财,以防不测。

初生牛犊不怕虎

说明刚生的小牛不怕虎。意谓刚涉足世事的青年人敢于作为，毫无畏惧。

穿不穷，吃不穷，算计不到定受穷

说明过日子不精打细算，必然受穷。

穿鞋不知光脚的苦

意谓条件优越的人体谅不到处在困境的人的苦处。

穿衣吃饭量家当

说明要根据自己经济状况，决定吃穿的好坏。

穿衣戴帽，各人所好

说明穿什么样的衣服，戴什么样的帽子，每个人都有自己的喜好。比喻不要干预别人的衣着打扮。

穿衣见父，脱衣见夫

说明穿上外服见父亲，脱掉外服见丈夫。也说明女子与父亲和丈夫的关系一样亲近。

穿着缝，没人疼；穿着连，万人嫌

说明衣服有破绽时，不可穿在身上缝补，不然就没人疼爱你。

船看风头车看路

说明行船要看风向，行车要走正确的道路。意谓出行要处处小心。

床头打架，床尾讲和

说明夫妻打架，不离床头就会和好。

春不忙减衣，秋不忙加帽

说明春天的气温不稳定，不要急于脱掉外衣，以防感冒；秋天不要急于添加衣装，冻一冻，能够增强抗寒能力。

春困秋乏夏打盹，睡不醒的冬三月

说明人春暖易困倦，秋凉易疲劳，夏热易打瞌睡，寒冬三个月易贪睡。

葱辣鼻子蒜辣心

指生葱的辣味刺激鼻子，生蒜的辣味刺激肠胃。

粗茶淡饭保平安

说明吃饭不要太精细，粗茶淡饭对身体更有利。

粗粮杂粮营养全，既保身体又省钱

说明吃饭时，只有粗粮细粮搭配，才能营养均衡，身体强壮。

村里夫妻，步步相随

说明农民夫妇，一辈子生活在一起，相亲相爱，从不离开。

D

打不断的亲，骂不断的邻

说明亲戚或邻居之间即使闹了纠纷，但不久就会和好，继续往来。意谓亲戚关系和邻居关系是密切的，虽然有时会发生矛盾，但冲突是暂时的，不会永不往来。

打打闹闹，白头到老

说明夫妻之间难免发生一些小的摩擦冲突。

打断骨头还连着筋

说明亲人之间即使出现了纷争，但亲情仍是割不断的。意谓如果关系亲密，即使出现了一些矛盾，也总是割舍不断。

打虎还得亲兄弟，上阵须教父子兵

说明完成生死攸关的大事，最可靠的伙伴是自己的血亲。意谓危及生命的事，只有亲如兄弟、父子的人才会一起干。

打是疼，骂是爱

说明长辈严厉管教晚辈是出于关心。有时用于夫妻或恋人之间的嬉戏或吵架。

打兔的不嫌兔多，吃鱼的不怕鱼腥

意谓需要的东西不嫌多，也不嫌差。

打油的钱不买醋

用来打油的钱，不能同时去买醋。意谓做一件事时不能分心去做别的事。

打在儿身，痛在娘心

说明对于父母来说，子女遭受灾祸是最为痛心的事。

大不正则小不敬

说明做长辈的行为不端，当小辈的就不会敬重他。

大虫恶杀不吃儿

说明老虎再凶恶，也不吃自己的孩子。意谓父母爱子女是一种天性。

大葱蘸酱，越吃越胖

说明大葱蘸酱能刺激胃口，使人食欲大长，易使人发胖。

大缸里打翻了油，沿路儿拾芝麻

说明大的丢了不管，反而去拾小的。比喻不分主次。

大姑娘十八变，变到上轿观音脸

说明少女在发育成长过程中，性格容貌变化很大，越变越俊。

大锅饭，小锅菜

说明用大锅煮饭，因为米较多，所以饭香更浓；用小锅炒菜，因为菜相对少、油相对多，所以菜更香。

大火开锅，小火焖饭

指做饭时先用大火把锅里的水烧开，再用慢火把米焖熟。意谓做事该快就快，该慢就慢。

大饥而食宜软，大渴而饮宜温

说明非常饥饿时，应该吃软食；非常干渴时，应当喝温水。

大家闺女小家妻

指没出嫁的姑娘自然是出生于大户人家的好，但选择妻子是出生于小户人家的女子好。

大嚼多咽，大走多跌

说明吃多了容易噎着，走快了容易摔跤。比喻要谨慎行事，不要急于求成。

大事瞒不了庄乡，小事昧不了邻居

说明乡邻最知道情况，无论大小事都瞒不了他们。

大蒜百补，独损一目

说明大蒜对身体有诸多益处，只是不利于眼睛。

但得一步地，何须不为人

只要有生存条件，就要活下去。

但添一斗，不添一口

说明一次多吃一斗粮不要紧，只是不要再增加一口人。意谓家里添一个长期吃闲饭的人，负担要大大增加。

当家才知柴米价，养子方晓父母恩

指当了家才懂得柴米的价贵，自己有了子女才懂得父母的恩情。比喻只有亲身经历，才能体会到其中的甘苦。

当家人，恶水缸

说明当家人因啥事都管，所以各种议论都会集中在他身上，如同泔水缸。

当家人疾老，近火的烧焦

说明当家人非常辛苦，容易衰老，如同靠近火的树容易被烧焦似的。

当家三年狗也嫌

说明当家人和每一个家庭成员的切身利益都会发生冲突，时间一长，谁都会厌恶。也指做领导的，大家对其有意见是平常事。

到什么山上打什么柴

比喻时间、地点、条件等改变了，人的思想与生活习惯也随着转变。

得意夫妻欣永守，负心朋友怕重逢

说明相爱的夫妻终生相聚也很快乐，负心的朋友却最怕相逢。

灯靠油，人靠饭

说明人吃了饭才有力气。

低头不见抬头见

指低头干活，抬头见人。比喻经常在一起，互相总有机会相见。

碟大碗小，磕着碰着

指碗和碟放在一起，难免磕磕碰碰。比喻一家人在一起，难免会争吵。

碟碗也有磕碰时

指碟碗放在一起会互相磕碰。比喻人与人相处，免不了会发生纠纷的时候。

东到吃羊头，西到吃猪头

指到了东边吃羊头，到了西边吃猪头。比喻贪吃的人到处骗吃喝。

东家不知西家苦，南家不知北家难

说明哪家都有困难和心烦之事，只是外人不知而已。

冬至馄饨夏至面

说明民间习俗,冬至吃馄饨,夏至吃面。

豆芽菜炒两盘儿,小两口打仗闹着玩儿

说明炒豆芽菜是最简便平常不过的,年轻夫妻吵闹也是寻常之事。

肚皮勿痛,骨肉不亲

说明不是自己亲生养的儿女,就不会心疼。

度过寒夜觉春暖,尝过苦豆知馍甜

比喻只有经历艰苦困难的人,才懂得幸福的日子来之不易。

断钱如断血

说明金钱极为重要,生活中没了钱就像人体断了血一样。

多年的媳妇熬成婆

指媳妇经过多年的苦熬,成为婆婆。比喻随着时间的流逝,最终会取得某种资格。

多一分享用,减一分志气

比喻安逸的生活会销蚀人的毅力。

多则半月,少则十日

指时间长的话就半月,时间短的话就十天。比喻日子不会长久。

E

恶虎不食子

意谓再凶恶的人也不会伤害自己的孩子。

饿肚酒,醉死牛

说明空着肚子喝酒,很容易醉。

饿死事小,失节事大

说明宁愿没有依靠饿死,也不愿再嫁。意谓女人宁肯饿死,也不改嫁失去节操。

恩爱不过夫妻

说明人际关系中,数夫妻之间的感情最深厚。

恩爱夫妻不到头

旧社会认为感情过深的夫妻常常不能白头到老。

儿不嫌母丑,狗不怨主贫

说明亲生的儿女不嫌弃自己的母亲丑,家狗不嫌主人贫穷。也说明人不会嫌弃、抱怨对自己有养育之恩的人。

儿大不由娘

说明孩子长大了,他的事就由不得父母来做决定。

儿女之情,夫妻之情

说明父母和儿女之间、丈夫和妻子之间的感情最真挚。

儿孙自有儿孙计,莫与儿孙作马牛

说明后代自有他们自己的生活,当父母的不必为他们过度操劳。意谓子孙后代会有自己的打算,长辈不必为他们当牛作马,劳神操心。

儿行千里母担忧

说明儿子出门在外,做母亲的总是为其担心,寝食不安,时刻记挂着儿子的安危,不放心。

F

发怒的母豹赛猛虎

说明在母豹哺乳期,如果遇到威胁小豹仔的险情,为了保护小豹,母豹发起怒来比老虎更厉害。

饭饱肉不香

说明饭吃饱了之后,即便吃肉也不觉得香甜。意谓东西多了,就不珍贵了。

饭菜嚼成浆,身体必健康

指吃饭菜时细嚼慢咽对身体有好处。

饭后一袋烟,赛过活神仙

旧社会认为饭后抽烟,精神特别舒畅。

饭后一支烟,危害大无边

说明饭后抽烟,会带来很大的危害。

饭前便后洗净手,各种病菌不入口

指饭前、便后洗手能预防疾病。

饭前饭后一碗汤

说明饭前饭后喝汤,有润肠化食的功能。

饭养身,歌养心

说明饭食能保养身体,唱歌能让人心情欢娱。

房中无君难留娘,山中无草难养羊

说明妻子离不开丈夫,如同羊离不开草一样。

非宅是卜,唯邻是卜

说明选择宅基,不是看宅基自身如何,只是看邻居如何。也说明选宅基重在选邻居。

分家如比户,比户如远邻,远邻不如行路人

说明兄弟分家后就成了两户人家,关系越来越疏远。

风流自古恋风流

说明自古以来爱情忠贞、情投意合的人总是难以分离。

蜂蚁也有君臣,虎狼也有父子

说明昆虫也明白君臣之义,动物也有父子之情,那么,人就更应该重情义了。

凤不离窠,龙不离窝

比喻不要离开自己居住的环境。

凤凰靠羽毛,姑娘靠衣裳

意谓女性的美丽离不开穿着打扮。

佛门虽大，难渡无缘之人

说明没有缘分的人，不能修炼成佛。也说明没有缘分的人，不能结合到一起。

佛要金装，人要衣装

指佛像要靠金粉来服饰，人要靠衣服来打扮。说明衣着打扮对展示人的外表、仪容十分重要。

夫唱妇随

旧社会认为妻子没有独立性，丈夫怎样引导，妻子就怎样附和。后也常用来形容夫妻和谐相处。

夫愁妻忧心相亲

说明丈夫有了烦愁的事，妻子自然也忧虑。也说明夫妻的心是非常亲近的。

夫大一，金银堆屋脊；妻大一，麦粟无半粒

旧社会认为丈夫比妻子大一岁，日子会过得富足；妻子比丈夫大一岁，家里会穷得挨饿。

夫妇是树，儿女是花

说明夫妻生了儿女之后，家庭会更加幸福。

夫贵妻荣

旧社会认为丈夫显贵了，妻子的地位也会随之提高。

夫妻安，合家欢

说明夫妻二人和睦相处，整个家庭都欢乐。也说明一个家庭是否安宁，夫妻和睦是关键。

夫妻本是同林鸟，大限来时各自飞

说明到了生死关头，即使是亲密的夫妻，也会各奔东西，互相难以顾及。

夫妻不和，子孙不旺

说明夫妻不和睦，后代也不兴旺。

夫妻吵架好比舌头碰牙

说明夫妻间吵嘴打架是不可避免的事。

夫妻恩爱苦也甜

说明夫妻俩只要亲热，即使生活上苦一点，思想上也是舒畅的。

夫妻恩情是一刀割不断的

说明夫妻的恩情深厚，难以割舍。

夫妻好比一杆秤，秤盘秤砣两头儿平

说明夫妻双方在才学、品格、地位等方面如同秤砣和秤盘一样要相称。

夫妻交市，莫问谁益；兄弟交憎，莫问谁直

说明夫妻间买卖，不必问谁得了利；兄弟间争斗不必问谁占着理。也说明夫妻、兄弟毕竟是一家人，没有必要争高低，论曲直。

夫妻且说三分话，未可全抛一片心

说明即使是夫妻之间，也应该保留一些隐秘。意谓即使是夫妻，说话也要有所保留，不能把心全部掏出来。

夫妻如一体

说明夫妻好像一个人似的。意谓夫妻关系非常密切。

夫妻是打骂不开的

说明夫妻之间纵然吵闹,也不能割舍感情,断然分开。也说明夫妻间发生矛盾是常事,最容易平复。

夫妻是福齐

说明夫妻不管哪一方有了福分,总是共同分享。

夫妻相思爱,久别如新婚

说明恩爱夫妻久别相逢,如同新婚之夜一样幸福。也说明久别重逢的夫妻特别亲热。

夫妻一条心,黄土变成金

说明夫妻团结得如一个人似的,就没有创造不出来的业绩。

夫有千斤担,妻挑五百斤

说明妻子总是为丈夫分忧解愁。

伏天吃西瓜,药物不用抓

说明伏天吃西瓜可以解暑泻火,有益于身体健康。

父债子还

说明父亲欠的债由儿子来偿还。意谓儿子应该承担偿父亲的债务,这是义不容辞的责任和义务。

父子不和家不旺,邻居不和是非多

说明一家老少和睦相处,家业才能兴旺;邻里之间和睦相处,才不会有是非。意谓和睦相处不管对家庭,或对邻居都很重要。

父子无隔宿之仇

说明父子之间的矛盾或分歧最容易化解。

妇女半边天

说明妇女的能力才智跟男子是相同的。意谓妇女在社会生活中起的作用很大,同男人一样不可缺少。

富对富,穷对穷,榜青的找个牧羊工

说明男女婚配要门当户对。

富贵随口定,美丑趁心生

旧社会媒人说亲,总是迎合男女双方的心意,富贵美丑随心而说,多不切不实际。

G

盖棺论始定

旧社会人死了以后对他一生才能作出合适的评论。

干柴烈火,没个不着的

说明互相爱慕的男女一接触就会结合在一起,如同干柴遇到烈火,马上就能燃烧起来一样。

干柴烈火,一拍就合

形容热恋中的男女,爱情炽烈、心投意合的状况。意谓感情强烈的男女,碰到一起就会结合。

干大则枝斜

指树干大了,上面就会长出倾斜的枝条。比喻一个大家族中难免会有不肖的后代,或一个集体当中难免会有落伍的人。

干土打不成高墙,没钱盖不成瓦房

比喻没钱干不成事,如同没和过水的干土不能砌墙一样。

甘蔗老来甜,辣椒老来红

意谓老年人思想成熟,经验丰富,人越老越精神,日子过得越兴旺。也说明事物只有完全成熟了,才最美好。

高不成,低不就

指高攀不成,低的不肯迁就。比喻婚姻难办。

高门不答,低门不就

说明女子择偶攀高不成,也不想往低迁就,左右为难。也指选择职业困难。

胳膊折了往袖子里藏

意谓家中出了问题,相互体谅,不要向外宣扬,让外人看笑话。也意谓自家人出了问题,要加以袒护。

鸽子斑鸠大不同,童养媳妇难做人

说明童养媳身份低,受尽婆婆家人虐待。

隔村的井水担不得,隔邻的母鸡叫不得

意谓不知道底细的人不要轻易打交道。

隔墙花扭不成连理枝

意谓恩爱夫妻。说明素不相干的人结不成恩爱夫妻。

隔山隔水不隔亲

说明相距再远,也阻不断亲戚关系。

隔山如隔天

指隔着一座山如隔着一重天一样。说明旧社会的山区交通极不方便,信息不通畅。

隔夜茶,毒如蛇

说明假如饮用放了一晚的茶水,就对身体造成很大的损害。

各有姻缘莫羡人

说明人各有不同的缘分,不要羡慕别人。

公不离婆,秤不离砣

说明如同秤离不了秤砣似的,夫妻俩谁也离不开谁。

公鸡抱窝,母鸡司晨

指公鸡孵出小鸡,母鸡司晨打鸣。比喻男女性别、角色倒换,或说明根本不可能的事情。

公婆难断床帏事

床帏事:夫妇之间的事情。说明夫妻之间的是非,做父母也不好明断。

公说公有理,婆说婆有理

指公婆争论是非,做媳妇的不好表态。比喻双方各持己见,旁人无法明断是非曲直。

公修公得,婆修婆得

比喻谁付出了辛劳谁就有成就。

狗肉滚三滚,神仙站不稳

说明狗肉是美味佳肴,连神仙见了都想吃。比喻什么人都抗拒不住吃喝的诱惑。

姑舅亲,辈辈亲,打断骨头连着筋

说明姑舅亲情密切,世代延续不断。意谓姑表亲戚之间的关系十分亲近。

姑口烦而妇耳顽

指婆婆唠叨说个没完,媳妇却装作听不见。比喻上级反复强调教诲,下级却充耳不闻。

姑爷进门,小鸡没魂

形容全家老小热情忙乱,招待女婿的情景。

姑做婆,是活佛

旧社会表兄妹成婚,姑母成了婆母,对媳妇格外疼爱。

孤柴难烧,孤人难熬

比喻一个人过日子,没有人关心饥寒饱暖,生活十分困苦。

骨鲠在喉,不吐不快

指骨头卡在喉咙里,不吐出来难以忍受。比喻闷在心里的话不讲出来不痛快。

瓜菜半年粮

说明瓜果、蔬菜可以代替粮食充饥。

寡妇门前是非多

说明旧社会寡妇和他人来往易招惹是非。意谓寡妇家失去丈夫,有男人出进常常容易引起是非。告诫男人在同寡妇来往时,要注意礼节,免得引起旁人的议论。

乖的也是疼,呆的也是疼

说明无论子女是灵巧的还是愚呆的,父母都同样地疼爱。意谓父母对子女,不管智商高低都会一样疼爱。

观音菩萨,年年十八

祝福话,祝人青春长在。

官大不压乡邻

说明官当得再大,也不能在乡亲邻里面前装腔作势、耍威风。

管山吃山,管水吃水

意谓管啥事情就靠啥生活。

管山的烧柴,管河的吃水

指守山的烧柴容易,管河的喝水便利。比喻干哪一行,就能靠哪一行来维持生计。

管闲事,落不是

比喻爱管闲事的人往往会招惹抱怨。

惯骑马的惯跌跤,河里淹死是会水的

说明技艺熟练的人常常粗心大意,更容易发生意外事故。

光棍不吃眼前亏

比喻聪明人处于被动形势时会灵活机动,妥协让步。

光棍回头饿死狗

比喻想让流氓、地痞等坏人悔过自新,是十分困难的事情。

棍棒底下出孝子

比喻只有严格管束才能培养出孝敬的儿子。

锅边拴不住金马鹿

马鹿:也叫赤鹿,产于东北、内蒙古、山西等地,毛皮可做褥垫或制革,鹿茸可入药,为我国二类保护动物。意谓有能力的妇女,不能捆在家务琐事上。

锅盖揭早了煮不熟饭

比喻时机不成熟时不能硬着去做,不然达不到目的。

锅里馒头嘴边食

指锅子里的馒头马上就能送往嘴里。比喻某种东西必定无疑地属于自己的了。

过了床头,便是父母

说明和母亲或父亲同过床、有夫妻关系的,便是自己的父亲或母亲。

H

蛤蟆配对子,也得打个泥洞

意谓结婚成家起码得有一个居住的地方。

孩子嘴里无瞎话

说明小孩儿思想单纯,不会说谎。

好不过郎舅,亲不过夫妻

说明郎舅关系最和好,夫妻最亲近。

好出门不如赖在家

说明出门在外,环境再优越也不如在自己家里方便舒适。

好饭不怕晚

比喻大的成就晚一点取得也没有关系。

好饭不怕晚,趣话不嫌慢

指好的饭菜,可以晚一点儿吃;有趣的话,可以慢一点儿说。

好夫妻不长久

说明恩爱夫妻常常难以白头到老。

好狗不拦路

意谓好人不拦挡别人行事。此语含有叱责之意。

好狗不拦路，癞狗当路坐

指好狗不会阻拦道路，只有癞狗坐在路中间不让人通过。比喻明事理的人不会阻拦别人前进。

好狗不咬鸡，好汉不打妻

说明好男子不随便欺侮妻子。

好狗护三邻，好汉护三村

说明英雄人物能为周围的群众伸张正义，维护大家利益。

好汉饿不得三日

指本事再大的人也不可能几天不吃饭。

好合不如好散

指好的聚合，不如好的离散。说明人和人如果不能和谐相处，不如和和气气地分开。

好话不瞒人，瞒人没好话

指好话不怕别人听见，怕人听见的不是好话。

好话不说二遍

指好话讲过之后不再重复。比喻再好听的话，一经重复就变得乏味了。

好话说三遍，聋子也心烦

指再好听的话多次重复，听的人也会反感。说明说话要简明，防止唠叨。

好话说上千千万，不如实事办一件

说明好听的话说得再多，也不如办一件实事。意谓贵在实际行动。

好话一句三冬暖，恶语伤人六月寒

比喻好言好语能温暖人心，恶语中伤使人感到心寒。

好伙计顶不住赖女人

说明关系再好的朋友也不如妻子关怀、体贴。

好货不怕看，怕看没好货

比喻东西的质量好，就不怕人仔细看；怕人仔细看的东西，质量一定不好。

好酒说不酸，酸酒说不甜

比喻事实胜于雄辩，好的东西不怕别人说坏，坏的东西别人说好也不会变好。

好客主人多

比喻人们总愿意接待有权势有地位的人。

好郎没好妻，痢痢配花枝

说明英俊的男子娶不下好妻，丑陋的男子却娶了俊俏的美女。也说明男女婚配往往很不相称。

好了伤疤忘了痛

指伤疤愈合了，便忘记了疼痛。比喻条件变好了便忘了过去所受的痛苦。

好马不备二鞍，好女不嫁二夫

旧社会宣扬封建礼教，以为好女子应该从一而终，不嫁第二个丈夫。

好男不跟女斗

旧社会认为有出息的男子不与女子计较。

好俏不穿棉,冻死不可怜

说明为了外表美丽而不穿棉衣,冻死也是自找的,不必怜惜。

好亲不如近邻,近邻不如对门

说明对门比亲戚、邻居相互帮助更便利。

好人多难,好事多磨

比喻好人的一生常常有不少坎坷,做成一件好事往往多磨难曲折。

好人还得好衣装

比喻面貌再好的人也得有漂亮的衣服来打扮。

好事多磨难

指令人如意的事情常常要经过许多磨难。多指爱情、婚姻上的困难。

好事没下梢

比喻做了好事,也没有好结果。

好事做到底,送佛送西天

比喻帮助人要帮其彻底摆脱困境。

好死不如赖活

指安乐地死去还不如将就地活着。比喻活着总比死了好。

好笋钻出笆外

意谓让外人得到好处。多用以感叹好女孩出嫁给外人。

好物不坚牢

指好东西常常不结实。比喻美好的事物一般不能保持长久。

好物不在多

说明东西只要质量好,不在于量多。

好物难全,红罗尺短

比喻美好的事情难保完美无缺。

好一块羊肉,倒落在狗口里

指很好的一块羊肉却被狗叼去了。比喻好东西被糟蹋,或漂亮女人嫁给丑陋呆笨的男人。

和尚口,吃遍四方

说明和尚云游四方化斋生活。

河里孩儿岸上娘

形容母亲眼见子女遭受苦难时焦急、无可奈何的心情。

横草不动,竖草不拿

指横着的草不动一动,竖着的草不拿一拿。比喻人极为懒惰,啥都不想干。

横的难咽,顺的好吃

比喻人难以接受态度蛮横的人,乐于帮助态度谦和的人。

横挑鼻子竖挑眼

指横着挑剔人鼻子上的缺陷，竖着挑剔人眼睛上的缺陷。比喻绞尽脑汁地挑剔别人的短处。

红梅做过青梅来，扁担当过嫩笋来

意谓老年人都是从青年时走过来的。

红丝一系，千金莫易

指传说中月下老人专管人间婚姻，暗用红线把命里注定做夫妻的人的脚牵连起来。旧社会婚姻一定，终身不变。

厚味必腊毒

比喻味道过于鲜美的食物一定有毒。

胡姑姑，假姨姨

比喻不是真正的亲戚。

葫芦牵到扁豆藤

比喻海阔天空或不着边际地随意乱讲。

虎毒不吃儿

意谓父母再恶毒，也不会残害自己的孩子。

虎生三子，必有一彪

说明老虎生的几只小老虎中，一定会有一只凶悍的小老虎。意谓强悍的父母生养的孩子，其中必会有强悍者。

花草需要雨露，女人需要温抚

说明妻子需要丈夫体贴、关怀。

花对花，柳对柳，破畚箕对折笤帚

比喻成亲的男女双方门户相当，郎才女貌。

花花轿子人抬人

说明人和人之间要互相支持、帮助。

花娇子必稀

说明花儿娇嫩，一定结籽不多。意谓美貌娇弱的妇人生儿育女少。

花轿领到场，媒人跨过墙

说明结婚以前，媒人是红人；结婚以后，媒人便被冷落了。

花木瓜，空好看

指带有花纹的木瓜外表好看，但不可食用。比喻徒有其表，中看不实用。

花香飘千里，有女百家求

说明姑娘到了应婚年龄，上门求婚的人自然接连不断。

花须叶衬，佛要金装

说明红花要绿叶衬托才艳丽，佛像要金装披身才庄严。意谓人有得体的服装，形象才显得完美。

换了钥匙对不上簧，夫妻还是原配的好

说明另换的钥匙和原锁簧难配合得好，再婚的夫妻总不如原配夫妻和睦恩爱。

患难夫妻到白头

说明共过患难的夫妻,才能相依为命,白头偕老。

患难朋友,艰苦夫妻

说明患难中建立的友谊最牢靠,困苦中生活过来的夫妻最恩爱。

荒年传乱信,隔夜定终身

说明在战乱或饥荒年代,无法得到准确的信息,男女婚事,常常处理得很简单。

黄金难买乡邻情

说明乡邻间的情谊最值得珍重。

黄泉路上无老少

说明不管老年或是青年都有死亡的可能。意谓死亡随时都会发生,不会因为年老、年少而排列先后。

黄莺不打窝下食

意谓有见识的人,不管做啥事,绝不损害亲戚、邻居的利益。

会吃千顿香,乱吃一顿伤

说明饮食有节制,顿顿吃得香;暴饮暴食伤胃,倒胃口,对身体有害无益。

J

饥时饭,渴时浆

指饥饿时吃饭,干渴时喝汤。

饥时过饱必殒命

说明在极度饥饿时一下子吃得太饱,一定会伤害身体,甚至危及生命。

饥食荔枝,饱食黄皮

说荔枝能充饥,黄皮能助消化。

鸡狗不到头,虎兔泪双流

旧社会认为,属鸡和属狗、属虎和属兔的男女不应结婚。

急行无好步

指走得快了便会跌跌撞撞。意谓仓促行事常常会把事情办坏。

脊背对脊背,强如盖双被

指两个人背对背地睡觉,倒比盖两层被子还暖和。

佳人难得

说明有才学的美貌女子很难碰到。

佳人有意郎君俏

比喻女子总以为她所钟情的男子是最英俊的。

佳人有意郎君俏,红粉无情子弟村

旧社会指男子无所谓美丑,就看女子中意不中意。

佳人自古多命薄

旧社会认为美貌女子容易招惹灾祸。

家不和，外人欺

比喻家庭不和睦，必会受到外人的欺侮。

家常便饭吃得长，粗布衣裳穿得久

说明平常吃穿注意节省，才能长久过好日子。

家常便饭吃得长，粗布衣裳穿得久

指勤俭持家，不求奢华，细水长流，日子过得虽然清贫却能平安持久。

家丑不可外扬

比喻家庭内部不光彩的事情不宜向外人张扬。

家大担子重

指家庭人口多，生活负担就重。

家和万事兴

说明全家人和睦相处，家业自然就兴旺起来。

家和万事兴，家衰吵不停

说明家里人和睦团结，所从事的事业就会兴旺发达。如果家里人不和睦，经常争吵不断，家庭就会衰落。意谓内部的安定团结才能使各项事业兴旺发达。

家花没得野花香

意谓家中的妻子没有外面的女子可爱。

家家有一本难念的经

意谓各家各户都有各自的愁事。也就是说，哪家都难免有一些难以解决的问题，都难免有一些烦心的事。

家宽出少年

说明家境富裕的人，身心不遭受劳苦，在面貌上显得比较年轻。

家里事，家里了

指家庭内部产生的纠纷，就在家庭内部处理。比喻内部发生的问题就在内部处理，不必张扬出去。

家贫思贤妻

说明清贫人家，要有贤明的主妇才能维持生活。

家私不论尊卑

比喻家里的财产不管地位高低，每人都有份。

家屋养壁虎，蚊蝇夜夜除

指房屋周围有壁虎活动，夜里的蚊蝇就会少。

家无主，屋倒竖

说明家中没有家庭主妇，一切都非常混乱。意谓一个家庭假如没有主事的人，家里就会乱糟糟，横七竖八。

家无住，屋倒柱

指房屋长期没人住，就会遭受损坏，破烂不堪。

家乡的山坡不嫌陡

指人不会嫌弃自己家乡的环境不好。

家有患难，邻保相助

比喻一家有难处，四邻八舍都来帮助。

家有千口，主事一人

说明家中人口再多，只能有一个主持家务的。

家有三件宝，丑妻薄田破棉袄

说明旧社会穷苦人家，全靠贤能的妻子、薄瘠的田地与破烂的棉袄维持生计。

家有贤妻，男儿不遭横事

比喻妻子贤惠，丈夫可以避免许多祸患。

家有一老，黄金活宝

说明家中的老年人是十分宝贵的。意谓家中有个老人十分必要，老人见识多，阅历深，多有可借鉴之处，不要轻视。

嫁出去的姑娘，泼出去的水

指嫁出去的女儿离开了家，如同泼出去的水一样。旧社会认为女子出嫁后一切归属婆家，不再和娘家有任何关系。

嫁汉嫁汉，穿衣吃饭

说明旧社会轻视妇女，认为女子嫁人是为了过上富裕的日子。

嫁鸡随鸡，嫁狗随狗

旧社会认为女子出嫁之后，无论丈夫好坏，都要从一而终。这是三从四德的封建礼教对妇女的束缚。

奸生杀，赌生盗

说明不正当的男女关系会引发人命案件，赌钱的人一旦还不起赌债，就可能成为盗贼。

见路不用问，小路就比大路近

说明小路通常比大路离目的地要近，因此最好走小路。

剑老无芒，人老无刚

说明宝剑旧了便失去锋芒，人到老年后刚毅的气质就会消退。意谓强调自然规律的必然性。

叫亲了的娘，住亲了的房

比喻房子住时间长了，有亲切留恋感。

街死巷不乐

说明一家有白事，邻居都会伤痛。

借米赶得上下锅，还米就赶不上下锅

指借出去的米能赶上人家往锅里下，可等别人还回来的米再下锅，肯定就耽误了做饭。比喻借出去容易收回来困难。

借汁儿下面

比喻用他人的东西送人情。

今朝有酒今朝醉，明日愁来明日愁

指今天有酒，今天便喝个痛快。明天有啥犯愁的事情明天再说。比喻只顾及眼前，不作长远谋划。

今日不知来日事

比喻以后的事情不可揣摸。

金儿银男，不如生铁老伴儿

说明儿女再好也不如老伴在身边随便、细心。

金刚怒目，不如菩萨低眉

说明菩萨凝神静坐的样子比金刚怒目圆睁更好。比喻发火哄闹不如好好交谈容易解决问题。

金花配银花，金葫芦配银瓜

意谓男女婚配要门户相当，或彼此相称。

金花配银花，西葫芦配南瓜

意谓男女婚配，好的配好的，差的配差的。也意谓婚姻要门当户对。

金钱儿女，柴米夫妻

说明旧社会人情淡薄，父母没钱，儿女就不孝顺；丈夫没钱，夫妻就不和睦。

金水子，银水子，买不下这个奶水子

说明什么食品都跟不上母亲的乳汁。

金窝银窝，不如自家的草窝

比喻别处环境再好，也比不上自己家里舒适自在。

金乡邻，胜于银亲眷

说明好邻居比一般亲戚还亲近可依赖。

金乡邻，银亲眷

说明乡亲比亲戚更重要。

紧火粥，慢火肉

指煮米粥应用快火，因慢了会焦锅；炖肉应用慢火，快了会不入味。

久别如新婚

说明夫妻久别后相聚，恩爱就像新婚一样。

久病床前无孝子

说明长时间有病卧床不起，连孝子也没耐性伺候了。意谓病得时间长了，在床前长期伺候的儿女们也有厌烦情绪。

久住邻居为一族

说明多年的邻居就像一家人。

久住令人厌

比喻在别人家住时间长了，会让人厌烦。

酒不在多，只要醇；蜜不在多，只要甜

意谓好的东西不在数量多，而在于质量高。

酒不醉人人自醉，色不迷人人自迷

说明酒色本身并不迷乱人，是因为人自己去靠近，迷恋其中，才造成烦恼的。意谓在酒和美色面前，心荡神迷，是自身不能把持造成的，是主观上的缘故。

酒肠宽似海，色胆大如天

说明好酒的人心胸宽阔、有气量，讲义气；好色的人，胆量极大，无所顾忌。

酒陈性足，姜老味辣

说明酒放得时间越长味越香，姜越老味越辣。意谓人的年龄越老，技艺越好，阅历越丰富。

酒多伤身，气大伤人

说明喝酒多了会伤害身体，火气大了会伤害别人或伤害自己的身心。

酒儿不凝，伢儿不冷

说明酒不怕低温，温度再低也不凝结；小孩不怕冷，再冷都在外边玩耍。

酒盖三分羞

说明酒能助人胆量，使人忘记羞涩。

酒鬼见酒脚步收，刀架头颈喝三口

说明嗜酒成性的人见酒不要命。

酒好不怕巷子深

说明只要酒的质量好，即使酒店在偏远的深巷里，也有人去买。也说明不怕吸引不来顾客。

酒后吐真言

说明酒醉后人的思想失去控制，会说出平常不想说或不敢说的话。

酒壶虽小胜大海，淹死多少贪杯人

说明过量饮酒会丧命。也说明贪杯会导致身败名裂。

酒解愁肠

说明喝酒能麻木人的脑子，使人暂且忘记忧愁。

酒令不分亲疏

说明喝酒行令时，一切都得依酒令的规定办，不能迁就人的关系。

酒令严于军令

说明对喝酒的人来说，酒令比军令还严厉，谁也不得违抗。

酒乱性，色迷人

说明美酒与女色能迷乱人的心智而导致犯罪。

酒能成事，酒能败事

说明饮酒能促使事情成功，但也能破坏事情的发展。

酒怕牛肉饭怕鱼

说明牛肉最适宜佐酒，有了牛肉，喝酒就越有兴趣；大米饭就鱼吃饭最香，有了鱼，饭就吃得多。

酒钱酒钱，酒后无言

说明喝酒前先付清酒钱，免得酒后发生分歧。

酒肉朋友，柴米夫妻

说明有酒有肉就能维持朋友关系，有柴有米就能维持夫妻关系。也说明人际关系总不免建立在物质条件的基础上。

酒肉朋友短，患难夫妻长

说明酒肉朋友缺少真情，久不了；患难与共的夫妻，感情深厚，能白头到老。

酒色财气，人各有好

说明美酒、女色、钱财、怒气这四样最能害人，但人们却不免各有所好。

酒色祸之媒

说明贪杯与贪女色，是祸患发生的因素。

酒是穿肠毒药，色如刮骨钢刀

说明酗酒如穿肠的毒药一样有损健康，好色如刮骨的钢刀一样有损人的品格。意谓不可贪酒好色，毒害自身。

酒是高粱水，醉人先醉腿

说明醉酒首先是腿软走不稳路。

酒是解乏的良药

说明喝酒适量，能消除人的疲劳。

酒是色媒人

说明酒劲儿能诱人产生淫乱的邪念。

酒头茶脚

说明酒性轻，以容器上部的为好；茶性重，以容器下部的为好。

酒为色媒，色为酒媒

说明美酒与美女常常紧密相连，无论哪个都容易使人堕落。

酒在肚里，事在心头

指酒喝在肚里，事藏在心头。说明人有心事就烦闷，就会去喝酒；因此喝酒的人多有心事。

酒斟满，茶倒浅

指斟酒要斟满，表示热情；倒茶却不能倒满，表示文雅。

酒中不语真君子

说明在喝酒时不乱说话才是真正有修养的人。

酒壮英雄胆

说明酒能使人精神振奋，胆量大。

酒醉聪明汉，饭胀傻脓包

说明被酒醉倒的多是些聪明人，被饭撑坏的多是些愚笨人。

酒醉话多

说明醉酒的人，大脑极度亢奋，话语就多。

酒醉心里明，银钱不让人

说明人喝醉了酒心里还是清楚的，不会把金钱白给人。

救急不救穷

比喻可以帮助人解决临时性的难处，但是要帮助人改变穷困却很难。

K

开门七件事，柴、米、油、盐、酱、醋、茶

说明人们日常过日子，离不开的必需品。

靠山吃山珍，靠海食海味

旧社会说明靠近山区的人能常吃到山里的飞禽走兽，靠近海边的人能常吃到海洋里的各种鱼虾。

靠水识鱼性，近山知鸟音

指在水边长大的人熟知各种各样的鱼，在山里长大的人能明白各种鸟的叫声。意谓人总是对自己所处的环境非常熟悉。

可着头做帽子

指按头的大小做帽子。比喻过日子精打细算。

客不修店，官不修衙

指旅客不收拾所住的旅店，当官的不整理办公的衙门。意谓暂时居住，不作长远计划。

口子大小总要缝

意谓有了问题，不管大小，总要想法处理。

快刀割不断的亲戚

比喻双方关系密切，不可分开。

捆绑不成夫妻

说明婚姻要出于对方自愿，不能用强迫手段。意谓不能用强硬措施把人结合在一起。

困难九十九，难不倒两只手

比喻困难再大，只要坚定信心动手去做，就一定能够征服。

L

癞蛤蟆想吃天鹅肉

意谓男子想得到自己所爱恋的女人。也指一味幻想难以实现的事。

癞痢头儿子自家的好

指即使自己儿子的头上长满痢痢，也认为好看。比喻人总偏爱自己的东西。

狼虎虽恶，不食其子

意谓在通常情况下，再凶恶的人也不会伤害自己的子女。

老蚌出明珠

说明年老的父母生养了才貌出众的子女。意谓老年人生活阅历丰富，常常能出一些好主意，提一些好建议。

老不拘礼，病不拘礼

比喻老人、病人不必受制于礼节。

老不以筋骨为能

说明老年人应量力而行,不能再硬撑逞能。意谓老年人体质下降,决不能不服老,在体力方面不要不服气。

老儿不发根,婆儿没布裙

说明丈夫不赚钱,妻子也跟着过艰苦生活。

老黄忠不减当年勇

意谓人虽年老,但精神、气质等各方面都跟年轻时一样。

老将不讲筋骨威,英雄还在少年堆

说明老年人不能以体力逞强,英雄人物还是在年轻人中。

老将刀熟,老马识途

意谓老年人阅历深,经验丰富。

老马不死旧性在

意谓有本领的人即使年纪大了,也还想着要发挥一定的作用。

老米饭捏不成团

指陈米煮的饭再捏也不成团。比喻感情破裂的人难以聚合在一起。

老婆是墙上的泥坯,去了一层又一层

旧社会看待妇女就像墙上的泥坯似的不值钱,认为老婆死了还可以再娶,如同墙上的泥坯掉了,可以再涂一样。

老人不讲古,后生会失谱

说明假如老年人不经常讲讲过去的经验与教训,青年人就会失去做事的准则,走弯路。意谓年轻人应该多听听老人们的经验之谈,可以少出现错误。

老鼠养的猫不疼

意谓对与自己感情不相合的人的劳动果实,不爱惜。

乐观出少年

意谓人对待生活的态度乐观向上,就可以保持青春永驻。

雷公不打吃饭人

说明人在吃饭时不可受惊吓,因为心情不好会影响消化,损害肠胃。

累了一袋烟,赛过活神仙

说明工作疲乏的时候,抽上一袋烟,能消除疲乏。

离家一里,不如屋里

说明离家外出,即使走得不远,也不如在家里安全方便。

篱笆不打灶

说明不应该在靠近篱笆的地方建灶,避免引起火灾。

脸丑怪不着镜子

意谓做错了事情,不能报怨别人。

两个婆娘一面锣,三个婆娘一台戏

说明妇女聚合在一起,有说有笑,热闹得如演一台戏。意谓女人多了会发生矛盾。

两口子打架不用劝，放上桌子就吃饭

说明夫妻之间的矛盾容易解决。

两相情愿，好结亲眷

说明双方都同意，可结成好亲眷。意谓男女双方情投意合，方可结成美好姻缘。

邻居好，赛金宝

说明邻居好能互相帮助、照顾，比金银财宝还宝贵。也说明邻居之间和谐相处非常重要。

六亲合一运

说明亲属之间命运相关。

六十六，不死掉块肉

旧社会指人活到六十六岁，就是不死，也会因为体弱变得消瘦。

龙配龙，凤配凤，鹁鸪对鹁鸪，乌鸦对乌鸦

意谓男女婚配要门当户对。

龙生龙，凤生凤，老鼠养儿会打洞

说明子女的个性特点是从父母身上遗传来的。

露水夫妻，钱尽缘尽

说明不正当的男女关系，由金钱维持关系，钱花光了，姻缘也就没了。

露水夫妻，也是前缘分定

旧社会指露水夫妻，也是由前生缘分注定的。

露水夫妻不长久

说明露水夫妻长不了，迟早总要分裂。

陆人居陆，水人居水

说明自然环境不同，居住习惯也各不一样。

路在脚下，路在口边

指出门不认识路，可以随时问人。

鸾凤只许鸾凤配，鸳鸯只许鸳鸯对

古代用鸾凤比喻夫妇。意谓有才能的男子只能和美貌的女子相配。

萝卜就茶，气得大夫满地爬

说明多吃萝卜，又饮用茶水，有益身体健康。

萝卜青菜，各有所爱

比喻每个人都有各自不同的所好。

骡马上不了阵

意谓妇女办不了大事。

落花有意，流水无情

指落花有意跟随流水，而流水却没有留恋落花的情意。比喻男女恋爱中一方有情，一方无意。

M

马老腿慢，人老嘴慢

指马老了跑得就慢了，人上了年纪说话就啰嗦了。

买猪不买圈

意谓选择人不应该考虑其家庭情况。

瞒天瞒地，瞒不了隔壁邻居

说明近邻之间最清楚情况。

满堂儿女，当不得半席夫妻

说明儿女再多也代替不了夫妻之间的关照。也说明夫妻之间的感情远远超过儿女对父母的感情。

猫生的猫疼，狗养的狗疼

意谓通常做父母的总是疼爱自己的孩子。

毛头姑娘十八变，临到结婚变三变

说明女孩子的面貌、性情变化很大。意谓小姑娘正在生长发育时期，其容貌会随之发生变化。

没男没女是神仙

说明若没有儿女的牵累，日子过得如神仙一样自在。

媒婆口，没量斗

说明媒人讲的话往往是不着边际，不真实。

每尝美味者，必先将舌头用线羁住

说明每到吃鲜美食物时要把舌头拴好，免得随食物一起都咽下肚里去。意谓对贪食好吃人的讽语。

美不美，泉中水，亲不亲，故乡邻

说明家乡的水最甘甜，家乡的邻里最亲密。意谓人对家乡与邻里都有着深厚的情感。

美酒不过量，好菜不过食

说明酒菜再好也不能过多吃喝，不然会影响健康。

美女累其夫

指貌美的女子常常会连累丈夫遭受祸患。

门不当，户不对，日久天长必成灾

说明成亲的男女双方，家庭的社会地位与经济状况均不相称，时间久了必有不好后果。

梦祸得福，梦笑得哭

说明梦里发生的事情和现实生活中的事情是反着的。

米面夫妻，酒肉朋友

旧社会夫妻之间有米有面就能安稳度日，朋友关系却要靠酒肉才能维持。

民非水火不能生活

指老百姓缺米少盐就不能生活。

民可百年无货，不可一朝有饥

说明老百姓可以长时间没有财物，但不能一天没有食物。意谓人民的吃饭问题最重要。

民以食为天

说明粮食是人们赖以生存的根本。

莫图颜色好，丑妇良家之宝

说明丑陋的妻子是家中的宝物，可避免很多麻烦。也说明娶妻不要只图容貌好看，貌丑的妻子往往贤惠，善于持家。

莫饮卯时酒，莫食申时饭

说明卯时饮酒、申时吃饭有损于身体健康。

母狗不掉尾，公狗不上身

说明男女淫乱，女方也负有责任。

N

哪个女子不怀春，哪个男子不钟情

说明每个青年男女，都有爱情上的向往。

男不与女斗

说明男子不应该与女人争论高低。也说明有出息的男人通常不跟女人争论长短。

男大当婚，女大当嫁

说明男女到了一定的年龄应当结婚。意谓不论男孩女孩，只要长大了，该成婚了，就应当结婚。

男大须婚，女长须嫁

说明男女长到配婚的年龄，就必须男娶女嫁。

男当下配，女望高门

说明男女婚嫁，男方的各方面条件应该好于女方。

男儿无妻不成家

说明男子到了年龄应该结婚成家。意谓主妇在家庭里是一个重要的角色，没有主妇，便不成其家。

男憨福大，女丑贤惠

说明憨厚的男人，常常有福气；貌丑的女子，常常多贤惠。

男婚女嫁凭媒证，不要媒人事不成

旧社会说明男女婚姻必须有媒人作证，不然就得不到社会认可。

男女授受不亲

旧社会礼教规定男女之间不准亲手接递东西。

男怕输笔，女怕输身

说明男子怕被人抓住文字的把柄，女子怕被人破坏了贞操。

男人三十一朵花，女人三十豆腐渣

意谓男人三十岁时，风华正茂精力充沛；女人三十岁时青春已逝，没有魅力。

男人无刚，不如粗糠

说明男人如无骨气就连粗糠都不如。意谓男子汉没有刚毅的气质，便会失去男人的价值。

男想女，隔重山；女想男，隔张纸

说明男女之间的结合，女方主动比男方主动容易成功。

男要俏，一身皂；女要俏，三分孝

说明男子要打扮得英俊，衣着应是一身黑；女子要打扮得俊俏，应穿白色的服装。

男也懒，女也懒，落雨落雪翻白眼

说明夫妻都懒散，平时不勤劳，急用时只能干着急。

男子痴，一时迷；女子痴，没药医

说明对待爱情，男子没有女子专一。

男子无妻财没主，妇女无夫身落空

说明男女不结婚的苦衷。

南风不及北风凉，旧花不如新花香

说明北风比南风凉，新花比旧花香。意谓男子常常喜欢新结识的女性。

南人北相，北人南相

旧社会认为南方人与北方人的长相各有特点，南方人聪明秀气，北方人粗犷憨厚。如果南人有北相，北人有南相，就会兼南北之所长。

能吃野味四两，不吃家禽半斤

说明野味比家禽更好吃。

能隔千山，不隔一水

说明隔水比隔山更不容易通行。

年纪不饶人

说明人的体能与机能到了一定年纪会自然衰退。

年里不老日里老

说明老人在静静流逝的日子里，不知不觉地变老。

年年有储存，荒年不慌人

说明每年储备好粮食，即使碰上灾荒年月，心里也不发慌。

年轻的夫妻爱钉磕，年老的夫妻爱啰嗦

说明年轻夫妻互不相让，常常顶嘴吵架；老年夫妻嘴零碎，遇事总爱唠叨。

年岁不饶人

说明体格、精神因年龄大而不如从前。意谓学习、工作要趁着年轻时多努力争取。

娘好囡好，秧好稻好

说明有好的母亲就有好的孩子；就像稻秧长得旺盛，稻粒就会丰满一样。意谓母亲善良，她的小孩儿便会善良。强调父母的为人能直接影响下一代人。

宁吃对虾一口，不吃杂鱼半篓

说明宁愿只吃一口对虾，也不吃半篓杂鱼。也说明对虾肉鲜味美，招人爱吃。

宁吃天上二两，不吃地上一斤

说明宁肯只吃天上的飞禽二两肉，也不愿吃地上的走兽肉一斤。也说明鸟肉比兽肉味美。

宁跟男子汉吵顿架，不跟妇道人说句话

说明男人气量大，心烦的事一会儿就忘了；而妇女心胸狭窄，心里放不下一句话。旧社会说明重男轻女，认为男子知情达理，容易交往；女子不懂事理，不好交往。

宁嫁穷汉，莫嫁孩蛋

说明宁可嫁给与自己年岁相当的穷家子弟，也不嫁给比自己小得多的富家子弟。

宁叫男大十，不叫女大一

说明男女婚配，男的宜大，女的宜小。

宁恋本乡一捻土，莫爱他乡万两金

比喻外乡再富饶，故乡总是让人依恋的地方。

宁恼远亲，不恼近邻

说明宁可得罪远处的亲戚，不能得罪左邻右舍。也说明与邻居和睦相处很重要。

宁为故乡鬼，莫作异乡人

比喻客居他乡的人急切地盼望回到故乡。

浓茶消酒

指浓茶可以醒酒（这种说法不科学）。

怒后不可便食，食后不可便怒

说明吃饭前后生气愤怒，有害身体。

女大不认娘

说明女儿长大了就不听母亲的话了。

女大十八变

说明少女在发育成长过程中，面貌会发生很大的变化，越变越俊美。

女大十八变，越变越好看

比喻女孩子在发育成长过程中容貌、性格会有较大变化。

女大五，赛老母

说明妻子如比丈夫大五岁，在相貌上就会如丈夫的母亲。也说明女子比男子老得快。

女大一，不是妻

说明女性面容衰老得快，比丈夫大一岁都会显得夫妻不相配。

女的愁了哭，男的愁了唱

说明男女犯愁，表现不一样。

女儿不断娘家路

说明女儿虽然出嫁，总要经常走动娘家，和娘家保持亲密联系。

女儿大了理当嫁，女大不嫁人笑话

说明女子长大理应出嫁，不出嫁便会让人说闲话。

女儿嫁出门，总归自家人；媳妇抬进门，还是外头人

旧社会说明女儿和娘家总连着心，媳妇与婆家总隔着心。

女人嫁汉，穿衣吃饭

旧社会说明女人嫁丈夫，是为了生活有所依赖。

女人三十三，太阳落西山

说明妇女比男子老得早，三十以后，好像落山的太阳，开始衰老。

女人是锅沿子，男人是地堰子

旧社会说明农家妇女整天围着锅沿转，男子下地不离地堰子。也说明看锅沿就知女人是否勤快，看地堰就知男人是否勤劳。

女人是家庭的灵魂

说明家务靠妻子主持，若无主妇，便不像个家庭。

女人是枕头边的风，不听也得听

说明妻子、小妾或情妇的意见，男人无法不接受。意谓丈夫或妻子的甜言蜜语很容易使对方相信。

女人无夫身无主

旧社会说明女人没有丈夫，自己就没有依靠。

女人一朵花，全靠衣当家

说明女子的漂亮，全靠衣服来打扮。

女人越离越胆大，男人越离越害怕

说明女人越离婚，越觉得无所谓；男人越离婚，越感到承受不起。

女生外向

说明女儿的心是偏向夫家的。

女婿有半子之劳

说明女婿是半个儿子，因此女婿应尽半个儿子的义务。

女子无才便是德

指封建社会认为妇女没有才学是一种美德。意谓女子没有才学便是品德好。这是反映旧时歧视妇女的观点。

O

藕断丝不断

说明藕折断了，丝还连着。意谓男女之间的恋情不容易完全割断。

P

怕问路，要迷路

说明懒于说话请教人，常常会走弯路或失败。

怕走崎岖路，莫想攀高峰

说明怕走难行的路，就甭想登上山的顶峰。意谓不经过磨炼便不会成功。

配了千个，不如先个

说明女子多次改嫁，总不跟初配的好。

皮里生的皮里热，皮里不生冷似铁

说明父母对亲生的子女关爱，对不是亲生的子女淡漠。

贫贱夫妻百事哀

说明身处贫贱之中的夫妻，应付啥事情都困难。意谓穷苦人家的夫妻，社会地位低，日子不好过，往往受愁苦的困扰，难得有欢乐。

贫贱夫妻恩爱多

说明贫贱夫妻患难共处，相互体贴，反比常人恩爱多。

贫穷患难，亲戚相救；婚姻死丧，邻里相助

说明搞好邻里关系和搞好亲戚关系同样重要。

牝鸡无晨

说明母鸡不能打鸣。意谓妇女不能主持或干预国政。这是反映旧社会男尊女卑的封建思想。

破家值万贯

指虽然家业败落，但家产还不少值钱。说明家虽贫穷，但家中的各种物品一样也少不了。

破家值万贯，一搬三年穷

指搬一次家总会扔掉一些生活用品。说明搬家损失很大。

破茧出俊蛾

意谓地位低贱或容貌丑陋的妇女生出优美或漂亮的子女。

Q

七十三，八十四，不死也是儿女眼里一根刺

旧社会说明七十三岁、八十四岁是老人的关卡，此时不死也不能劳动，成为子女的累赘。

七岁八岁讨狗嫌

说明孩子七八岁的时候最顽皮，连狗都嫌弃他们。

妻不如妾，妾不如偷

旧社会说明放荡的男子认为明媒正娶的妻妾，不如婚外偷情好。

妻大一，有饭吃；妻大二，多利市；妻大三，屋角摊

旧社会认为妻子年岁大于丈夫，能帮助丈夫致富。

妻跟夫走，水随沟流

说明妻子跟着丈夫走，就像水顺沟流一样自然。

妻是枕边人，十事商量九事成

说明夫妻同床共枕，遇事商量，大多能取得一致。

妻贤夫祸少，子孝父心宽

说明妻子贤惠，丈夫祸患就少；子女孝顺，父母的心便觉得安慰，心情就会舒畅。

妻贤夫无祸

说明妻子贤惠，丈夫可以避免各种侵扰和灾祸。

妻以夫贵

说明丈夫地位显贵了，妻子的地位也随之提高。

妻应夫，急如鼓

说明妻子应麻利迅速地按丈夫的旨意行事。

妻子如衣服

旧社会说明男尊女卑，妻子好像衣服，可以随意更换。

欺山莫欺水

指宁可登山，不要涉水。说明涉水比登山危险得多。

其母好者其子抱

说明后妃受宠爱，生的儿子便会被君主宠爱。也说明受到宠爱的妻子，生的儿子有希望享受继承权。

骑马坐船三分险

指骑马、坐船也会有风险。意谓不论做啥事都有一定的风险。

起新不如买旧

比喻造新房子不如买旧房子划算得来。

千朵桃花一树儿生

意谓兄弟姐妹骨肉相连，由一母所生。

千金难买两同心

说明夫妻一起生活，最难得的是两人同心同德。

千金难买六月泻

旧社会认为六月天热，不想吃东西，泻泻肚子，可以增强食欲。

千金难买美人笑

说明美人一笑，价值超过千金。说明博得美人一笑很难。

千金难买亲生子

旧社会认为人生最难得的是有亲生儿子。

千金置家，万金置邻

置家指购买宅院。意思是选择一个好邻居比建造房屋更重要。

千肯万肯，只怕男的嘴不紧

指男女恋爱，女方最怕的是男方嘴不牢，露了恋情。

千里不捎针

意思是路途遥远，即便很轻的东西也不容易携带。

千里红丝，姻缘已定

红丝：指红色的丝线。民间传说认为，男女双方的姻缘，是由月下老人用红丝牵到一起的。指人的婚配是命中早已注定了的。

千里姻缘着线牵

着:用,民间传说认为月下老人专管人间姻缘,将命中注定成为夫妻的人暗用红线牵连起来。意思是只要有缘分,距离再远,也会成就姻缘。

千里之行,始于足下

走千里远的路程,是从脚下的第一步开始的。

千年治山,万年治邻

治,这里意思是维护。指邻里关系须多年维护。

千死敢当,一饥难忍

比喻长期饥饿比死亡还难以忍受。

前世姻缘由天定

旧社会认为婚姻大事前生就由老天注定了,不可改变。

强扭的瓜不甜

意思是瓜不成熟,强摘下来也不会甜。通常说明施加压力,不会让人干成事。也指用强迫手段结成的夫妻并不会幸福美满。

强作的夫妻苦一生,情愿的两口甜中甜

指勉强做成的夫妻痛苦一生,双方自愿结成的夫妻幸福美满。

巧妻常伴拙夫眠

意思是漂亮能干的女人嫁的丈夫通常是愚笨无用的。

茄子也让三分老

劝勉人应该敬老、让老。通常指应该尊敬老人。

亲帮亲,邻帮邻

意思是亲邻等关系密切的人应互相提携,互相帮助。

亲不过父母,近不过夫妻

意谓只有父母、夫妻是自己最亲近的人。说明父母与子女之间的感情最亲,夫妻之间的关系最亲密。

亲戚不如邻

意思是遇到紧急的事,即使是亲戚也不如邻里来的及时。

亲望亲好,邻望邻好

指亲戚邻居之间总是相互关心,彼此都盼望对方的日子好过些。

亲无怨心

意思是亲人之间遇事能够互相谅解,不存在怨恨之心。

亲有远近,邻有里外

同样是亲戚、邻居之间关系也有亲疏远近的差别。

青春过去无年少

指青春岁月一去不复返。

清官难断家务事

指清正廉洁的官吏也难公正地断决家庭的小事。比喻家庭纠纷虽然都是鸡毛蒜皮的小事,但十分复杂,外人难以干涉。

清明前后乱穿衣

指清明节气前后,气候处在冷热不定的时期,人们衣着厚薄各不相同。

情人眼里出西施

西施:春秋时越国的美女,泛指美女。指自己所钟爱的人,总是最漂亮的。意思是男子对爱慕的女子,即使长相平平,也认为她处处美丽。

情有情根,冤有冤种

古时候认为爱情与冤仇都是前生注定的。

穷家出美女

意思是美女往往出生在贫穷人的家里。

穷人的苦难在脸上,富人的油水在嘴上

旧社会认为从面部皱纹能看出穷人的苦难境况,从富人的嘴上流油能看出他们的吃喝享乐。

穷灶门,富水缸

古时认为灶门口要少放柴火,水缸里则要注满水,这样对防火很有效。

穷找穷亲,富找富邻

意思是穷人找穷人结亲,富人找富人为邻居。比喻穷富之间互不相通。

秋不食姜,令人泻气

泻气:即指泄气。说明秋天不宜吃生姜,吃了会使人气虚的。

秋冬食獐,春夏食羊

獐:动物名,也叫河麂、牙獐,行动灵敏,能泳,多生长于沿海芦滩及草原地区,肉可食。指秋天的獐肥,春夏季节的羊肥,肉嫩鲜美。

娶到的媳妇买到的马,由人骑来由人打

旧社会妇女没地位,娶来的妻子和买来的马一样没地位,可以任意欺凌,随意打骂。比喻当了媳妇后,就失去了人身自由,成了男人的私有物品,随人摆布和打骂。

拳头上立得人,胳膊上走得马

意谓妇女的作风清白。也通常指为人行为端正,作风正派。

R

热不过火口,亲不过两口

意谓夫妻间的感情是最亲密的。

热饭不能热食

烫嘴的饭吃下去后会对肠胃有伤害,因此不能吃。说明做事不能过于急躁,要有耐心。

人不立家身无主

指男子不娶妻成家,自身生活就无所依托。

人大十八变

比喻人在成长过程中会发生很多变化。

人到三十把头低

意思是人到三十岁还没有成立家业,就要不免求别人帮助。

人到中年,百事相缠

指人到中年,各种事务繁重,负担不轻。

人到中年万事和

意谓人到了中年,有了丰富的社会经验,待人处世,深知以和为贵。

人非草木,谁能无情

指人不是草木,谁都有情感。通常形容男女青年相聚,彼此萌生的爱恋之情。

人过五十,就该修桥补路

修桥补路:这里指做对公众有益的好事。旧指人过五十,在世上的时光已不多,应多做些积德的善事,以修好来生。

人活六十不远行

古时候认为人过了六十岁,因为腿脚不灵便不宜出门远行。

人绝粮必死,鱼无水自亡

指人没有粮食吃就会饿死,就像鱼儿没有水会死亡一样。

人靠衣服马靠鞍

身着漂亮的衣服,人会显得格外精神;备一副耀眼的雕鞍,马会显得非常威风。说明衣服对人的形象有极大的影响。

人靠衣装,佛靠金装

人要靠衣服来打扮,佛像要靠金粉来装饰。意指人要注重自己的形象。

人老变性

指人到老年,往往性情变得执拗,不可理喻。

人老骨头硬

意谓人虽老但骨头仍坚强有力。

人老骨头硬,越干越中用

指老人经历了生活的磨练后,会十分坚强,什么困难都能承受。

人老精,姜老辣

生姜越老味越辣。说明人老了经验丰富,处理事情更为得当。

人老是一宝

指人年纪大了,经验丰富,考虑周到,十分宝贵。

人老无能,神老无灵

人老了做事能力差,就像神老了不灵验一样。

人老先老腿

指人往往先从腿脚开始衰老。

人老心不老

指虽然年龄已大,却还有年轻人的情怀。说明人年纪虽然大了,但壮志雄心没有消失,仍富有朝气。

人冷披袄，鱼冷钻草

意思是人感觉冷了要加穿衣服，就像鱼儿冷了会钻进水草中一样。

人离乡贱

古时候认为人远离了家乡，就很容易被人瞧不起。

人怕老来贫

指人最怕到老年遭受贫困。说明人年龄大了，丧失了劳动力，再遇到贫困，就无法应付了。

人前教子，枕上教妻

指教育子女应当当众教育，但夫妻之间的互相规劝，却不宜在公开场合进行。

人亲骨肉香

意思是对待跟自己有血缘关系的人，感情就特别深厚。比喻亲戚之间血肉相连，感情深厚超过外人。

人生莫作妇人身

古时候指，不要做女人，女人没有社会地位，一辈子任人摆布使唤，喜怒均由别人决定。

人生七十古来稀

古时候认为人能活到七十岁是很难得的，说明自古以来，能活到七十岁的人就很少见，很不容易。

人是一盘磨，睡着就不饿

人睡着了，可缓解饥饿感，因为人睡着了，身体消耗也就少了。

人是桩桩，全靠衣裳

指人的仪表、形象、风度，全凭衣服来装饰。

人死饭甑开，不请自己来

饭甑，指蒸米饭的用具。古时候一家有丧事，乡里邻居都会主动来帮助料理，吃送葬饭。

人闲生病，石闲生苔

无所事事的人容易生出病来，就像闲置的石头很容易长出青苔一样。说明人要生活得充实而有意义。

人行千里，处处为家

指远离家乡的人，到处都可作为自己的家。

人有三像，物有同样

指人有容貌相似的，物品也有形状一模一样的。

人有三灾六难

指人生在世，免不了要遭受某些灾难。

人在世间，日失一日

指人的生命是有限的，活一天便减少一天。

人争一口气，鸟争一口食

说明人活着要争一口气，不能活得太窝囊。

人作千年调，鬼见拍手笑

指人生不过短短几十年，却一直想着活千年，连鬼也会讥笑。

忍得十日破，忍不得十日饿

意思是衣服破旧受冻还能忍受，连续挨饿却难以忍受。

日求三餐，夜求一宿

比喻人没有太多的奢望，只求白天能吃上三顿饭，晚上睡个好觉，就心满意足了。

日有所思，夜有所梦

说明白天所想的事情，晚上就会梦见。

肉炒熟，人吵生

指肉越炒越熟，而人却是越吵架矛盾越大。

肉肥汤也香

肉肥了，煮肉的汤自然也就香甜无比。比喻集体富裕了，个人也随之生活好了。

肉贱鼻子闻

便宜的肉，要用鼻子闻闻，以防买下臭肉。也泛指价钱便宜没好货。

若要不喝酒，醒眼看醉人

想要戒酒，最好的办法是自己清醒时去看一看醉酒人的狼狈模样。

若要好，问三老

三老：这里指有经验的前辈。指如果要想把事情办好，就要向有经验的老人请教。比喻老年人阅历多，经验丰富。如果遇到疑难问题，向他们请教，有利于解决问题。

若要甜，加点盐

食物中加点盐味道会更好。意谓生活中有些波折，才能感到更美满幸福。

撒手不为奸

指男女即使有奸情，但如果抓获时两人已离开犯奸现场，也构不成犯罪。

三百六十行，行行吃饭着衣裳

指无论做什么工作，第一要解决的是吃饭穿衣的问题。

三杯和万事，一醉解千愁

指不管有什么矛盾，喝酒往往能使矛盾化解；不管有什么忧愁，喝醉了就会忘记。意谓酒有和事、解愁的作用。

三餐莫过饱，无病活到老

指吃饭不要吃得过饱，这样能健康长寿。

三分画儿七分裱

指好画也需要好的装饰。比喻人的形象好坏很大程度上取决于着装打扮。

三分人才，七分打扮

人才：指美好的仪表。一个人好的仪表三分靠天生，七分靠打扮。指衣着修饰对人很重要。

三口子不如两口子亲

两口子：指夫妻俩。指夫妻关系最亲密不过。

三千银子兵,杀不得邻里情

意指不管怎样有钱有势,都不应在乡邻面前耍威风。

三人同行小的苦

指三个人一起走路,年龄小或辈分低的人吃苦。意谓在外旅行时,年轻人应该多分担一些事务。

三十过,四十来,双手招郎郎弗来

指女人一过适婚年龄,就很难找到合适的丈夫。

三十里莜面四十里糕,二十里面条饿断腰

莜面:莜麦的子实磨成的面,可食用。糕:此处指用黄米面做成的糕。指最耐饥的是糕,其次是莜面,最不耐饥的是面条。

三世仕宦,方会着衣吃饭

指官场礼仪复杂,一连几代人做官,后代才懂得官场穿衣、吃饭的讲究和规矩。也指官宦子孙生活奢华。

三条腿的蛤蟆没见过,两条腿的人有的是

指三条腿蛤蟆人世间没有,但要找人,到处都是。比喻男女寻求配偶不必发愁,可以任情挑选。也通常指招募人员,不怕没有来源。

三言两语成夫妻

意指对婚姻大事采取了轻率的态度。

啥人扮啥相,啥将骑啥马

指人的衣着打扮要和自己的身份相适合。

上床夫妻,下床君子

指晚上同床共枕,白天相敬如宾,才是好夫妻。

上床萝卜下床姜

萝卜能帮助消化,应当在睡前食用;生姜能开胃,适宜起床后吃。

少年夫妻老来伴

意谓年轻时期是夫妻,年老时期是同伴。也说明夫妻到了老年,更需要彼此体贴,相互照料。

少年偏信,老汉多疑

指年轻人社会经验少,容易轻信人言;年老人阅历深,遇事考虑过多。也指青年人和老年人,考虑事务有欠缺。

少女少郎,相乐不忘;少女老翁,苦乐不同

指男女婚配,必须年龄相当;男老女少,毫无乐趣。

蛇粗窟窿大

意谓家大业大,开销也大。

身无挂体衣,家无隔宿粮

身上没有可以遮蔽的衣服,家中没有一点粮食。形容生活极其困难。

生姜是老的辣

意谓老年人经验丰富,处理问题手段高明。也比喻年轻人比不上老年人稳重、老练。

生子莫生多,生多换破锅

意思是生儿育女负担过重,不宜生多,否则连生活都难以保证。

十八廿三,抵过牡丹

指女子在二十岁左右,体态娇美,胜过艳丽的牡丹花。

十层单不如一层棉

指在天冷的时候,单衣穿得再多也不如穿一件棉衣暖和。

十个儿子十个相

即使是一母所生的儿子,长相也各不相同。意谓人各有其貌。

十命九奸

意指十起命案中,有九起属于男女奸情案。也说明人命案多由奸情引起。

十七的养了十八的

意指年轻人不能在年长者面前妄自尊大。

十七十八力不全

指十七八岁的青少年还不足够强壮,力气不是很大。

十七十八力不全,二十多岁正当年

意指人到二十多岁时,体力充沛,身体健壮,正是大干事业的时候。

十七十八无丑女

指十七、八岁的女子,正当青春年纪,即使长相一般,也有一种纯真的美。

十七十八一枝花

指十七、十八岁的女子,青春年少,充满活力,就好像一朵娇艳妩媚的鲜花惹人喜爱。

十说客不及一破客

说客:指会说话的人。破客:指从中破坏的人。通常指生意交易,男女婚姻等,十个说客未必能说成,只要一个人从中破坏就能使事情办不成。

食多伤胃,忧多伤身

指吃多了对肠胃有害;忧愁多了对身体健康有害。

是亲必顾,是邻必护,沾亲带故,暗中相助

指亲戚、邻里之间有一定关系的都要相互维护、相互帮助。

是亲三分向

说明有亲戚关系,办事总要有些袒护。

是药三分毒

指凡是药物都带有毒性,均会有副作用。

是一亲,担一心

说明有了事情,亲人总是牵挂在心的。

是姻缘棒打不开

指命中注定结为夫妻的两个人,就是用棒子打,也不会使两人分开。说明有姻缘的男女是拆不散的。也比喻经过许多波折结合在一起的婚姻,感情很牢固。

手背也是肉,手心也是肉

比喻同两方有同样密切的关系,不分彼此,同等对待。

手中有粮,心中不慌

只要有粮,民心就能安定而不慌乱,因为民以食为天。

瘦女儿,胖媳妇

女子未出嫁时一般较瘦,出嫁后做了媳妇就会发胖。

暑日无君子

天气炎热时,谁也不讲究外表整齐。

树大分杈,儿大分家

意思是树长大了,自然要分杈;儿子长大了,自然要分家过日子。比喻做长辈的要想得开,孩子长大了,分家过日子是自然现象,如同树大分杈是一个道理。

树大枝散

指树大了枝杈就扩张分散。意谓一个家族庞大,难以约束成员。

树老招风,人老招贱

指人到老年遭人轻视。说明人老了精力不旺盛,没有能力做事了。

双相思好害,单相思难挨

指男女双方相互思恋爱慕,自然有相爱成功的希望;单方面的思恋,很难走到一起,很容易造成悲剧。

谁个少男不钟情,谁个少女不怀春

指男女到了青春期,哪个没有追求爱情的愿望?

水是故乡甜,月是故乡明

说明家乡的一草一木都是美好的。

睡如弓,立如松,行如风,声如钟

意思是,睡觉像弓一样弯曲,站立像松树一样笔直,行走像风一样敏捷,声音像钟一样洪亮。

说媒三家好,过后两家亲

旧社会男女婚姻,全依仗媒人说合。意指未成亲时,男方、女方和媒人三方都亲热,成亲之后,便把媒人遗忘了。

T

他妻莫爱,他马莫骑

指不要爱慕别人的妻子,不要插足别人的家庭。比喻对别人的妻子不要贪爱,就如同别人的马不能乱骑一样。

他乡虽好,终非久留之地

异乡的风景再美,也不是长期居住的地方,比喻游子思念故乡。

太公八十遇文王

太公:指姜尚。史书记载,姜太公八十岁,才见到周文王。比喻虽然年纪大,但仍有展示才能的机会。也形容到老年还会遇上知己,有机会展示才华。

太平年月寿星多

在安定环境中生活，长寿的人就越多。

贪吃贪睡，添病减岁；少吃多餐，益寿延年

意思是吃睡过多，会引起疾病减少寿命；少吃但吃的餐数多一点，有利于健康长寿。

贪多嚼不烂

一下子吃太多了，不容易嚼烂，对脾胃会有伤害。比喻单方面追求数量，就会影响质量。

桃饱杏伤人，李子树下抬死人

桃子不会伤身体，可以多吃；杏子吃多了会伤害肠胃；李子吃多了对身体有害。

天生一对，地产一双

指两人非常合适。通常指夫妻或恋人。

天生一个人，必有一分粮

意谓人活在世上总会少不了一口吃的。

天下无不是的父母

旧社会指父母总是对的，做儿女的不得反对。也说明世上当父母的人所说所做都没错。意谓父母总是对的，子女要无条件服从，即使父母有错也要原谅。

田要冬耕，崽要亲生

崽：儿女。指儿女只有亲生的才亲。指冬耕翻土，使土质疏松，可以蓄水，提高农作物产量；旧时观念认为孩子要亲生的，有血缘关系，才能对父母亲孝顺。

甜不过少年夫妻，苦不过鳏寡老人

鳏：无妻或丧妻的男子。寡：死了丈夫的妇人。指年轻夫妻的生活非常幸福甜蜜，孤寡老人的日子最困苦难熬。

挑水瞒不了井台，上炕瞒不了锅台

锅台：北方放锅的台面和炕紧连，方便取暖。意谓做事情瞒不过亲邻和关系近的人。

听书长智，看戏乱心

古时候观点认为听评书可以汲取历史教训，增长才智，而戏剧多表现男女爱情，看多了容易丧志。

同鸟不同巢，同树不同根

意谓不是一家人，不进一家门。

同行无疏伴

疏伴：关系疏远的同伴。说明结伴远行的人一定要相互关照。

头戴大帽身穿青，不是衙役便是兵

指根据着装打扮可判断出是干什么工作的。

头戴三尺帽，不怕砍一刀

指卖主谎抬物价，即使顾客给一半的价钱，仍赚不少。

头锅饺子二锅面

说明饺子是头一锅煮出来的味道好,面条是第二锅煮出来的香甜。

头嫁由亲,二嫁由身

古代指女子第一次结婚由父母亲做主,第二次结婚由自己决定。

投亲不如住店

指在亲戚家食宿不如住到旅馆自由自在。

推车的进了店,半个县长也不换

意指过度疲劳后,休息是最舒适的享受,再好的事情也比不上,哪怕是为官。

W

娃娃是道盖面菜

盖面菜:覆盖在菜盘上面的一层美味佳肴。指小孩子穿戴一新,能够给父母增光添彩。比喻光彩的事情能让人脸面有光彩。

外甥多似舅

意思是多数的外甥长得都像舅舅。说明外甥的容貌品性与舅舅差不多。

外头有个挣钱手,家里有个聚钱斗

说明既勤劳又节俭的夫妻,才能生活幸福。

晚饭少一口,活到九十九

指晚饭少吃一点,有利于身体健康。

晚娘的拳头,云里的日头

晚娘即指后娘。说明后母对待前妻的子女非常凶狠。也形容继母往往心狠手辣,对待丈夫前妻的孩子决不会手软。

碗里不见青,肠胃倒钩心

青,指青菜。长期不吃青菜,就会影响健康。

万两黄金未为贵,一家安乐值钱多

指全家人的安宁和欢乐,比万两黄金还难得。

万种恩情,一夜夫妻

意指即使只过了一夜的夫妻生活,也有无限恩情。比喻夫妻感情深厚。

望山跑死马

形容对面的山看似很近,但实际距离却非常远。比喻目标看起来容易实现,实际上需要费一番苦工夫。

未看老婆,先看阿舅

阿舅,指妻子的兄弟。指在讨论婚事时,先看舅子,就能联想出未来妻子的品貌。比喻介绍对象时,假如没有看到女方的相貌,只要看一下女方的舅子,便能判断女方的长相。

未晚先投宿,鸡鸣早看天

不要等到天黑先找好住店的地方,早晨鸡叫的时候就看天气好坏准备赶路。古时候旅店门口常贴这副对联,以招揽旅客。

未有名士不风流

名士:知名之士。风流:原指风度与习气,魏晋时名士多以鄙弃礼法好谈玄理为风流,唐五代时有的名士以放荡男女关系为风流。古时候指名士多不拘礼节,有风流韵事不足为怪。

屋要人支,人要粮撑

有人居住的房屋才能得到维护,才不会倒塌;人要靠粮食的营养支撑,才能维持生命。

无谎不成媒

意指不说谎就难以做成媒。意谓旧时媒婆如果不说谎,就说不成媒。

无酒不成席

宴席上一定要有酒,没有酒就算不上是宴席。

无事一身轻

说明人没有事务缠身,就会感到一身轻松。

无药可延卿相寿,有钱难买子孙贤

意指一个家族最难得的是子孙后代贤良孝顺。

无冤不成夫妇,无债不成父子

古时观点认为前生无冤孽,今世便做不成夫妻;前生无债务,今世便不能成为父子。

五谷天下宝,救命又养身

指五谷杂粮是世上最宝贵的东西,人们有了它才可以保持身体健康。

五十不造屋,六十不种树

旧时错误的观念认为人进入老年后不必作长远打算。意谓人活到六十岁不要栽树,已经享受不到栽树的好处了;人活到五十岁不要盖房,享受的日子不多了。

五十五,下山虎

形容男子五十多岁时,仍然精强力壮,犹如下山猛虎一般。

五月鲤赛如活人参

鲤鱼到五月间,肥嫩鲜美,对人的滋补如同人参一样。

X

西瓜一只,好酒数滴,味甜且香,寒温相宜

西瓜能清热解暑,除烦止渴,但脾胃不健康的人不宜多食,否则积寒助湿,容易生病。如果加入几滴好酒,既能增加西瓜的甜度,又可防止对肠胃的刺激。

惜衣有衣,惜食有食

指爱惜衣服才有穿的,爱惜粮食才有吃的。说明人要爱惜衣食财物。

呷得三斗醋,做得孤孀妇

呷:喝。指做寡妇很不容易,要面对非常辛酸的生活。形容能喝三斗醋的人,才能受得住做寡妇的滋味。

虾有虾路,鳖有鳖路

意谓人各有各的谋生方式。

夏葛而冬裘,渴饮而饥食

葛:夏布缝制的衣服。裘:毛皮衣服。夏天穿葛衣,冬天穿皮袄;渴了喝水,饿了吃饭。说明做事要适合时宜。

夏季多吃蒜,消毒又保健

指夏季气温高,容易滋生细菌,蒜的杀菌能力很强,多吃蒜有防疾保健的功效。

先花后果

指果树总是先开花,后结果。古时观点认为人生了女孩儿,接着就应生男孩了。

闲饭难吃,闲话难听

指没有正当工作吃闲饭的日子很难过,背后议论的闲言碎语叫人听了难受。

闲人愁多,忙人活多

意指闲散无聊的人愁苦最多,忙碌的人过得最充实。

闲人有忙事

说明空闲的人也有忙碌的时候。

嫌吃嫌穿没吃穿

在吃穿上过于挑三拣四,到头来就会缺衣少吃。意指过日子不要过分讲究。

险山不绝行路客,恶水仍有渡船人

比喻旅途难险再多,行人总会想方设法地前行。

险中的船儿划得快

船行在风急浪险的河段时,众人齐力奋进,船行自然加快。形容困难能激励人奋勇向前。

乡里夫妻,步步相随

指乡里的夫妻,劳动在一起,生活在一起,处处不分离。

相逢漫道恩情好,不是冤家不聚头

古时候认为相互聚合的青年男女,并不是先有爱慕之情,而是注定非聚合不可。

香花不一定好看,好人不一定漂亮

说明人和事物的好坏,不能光看外表。

香油拌藻菜,各人心中爱

比喻每人都有自己所爱。说明每个人的爱好各不相同。

小大人儿,老小孩儿

指小孩的言行举止偶尔带有成年人的味道;老年人往往有类似孩童的表现。

小儿犯罪,罪在家长

指小孩子犯罪,应该惩罚家长。说明如果小孩子犯了法,家长就要承担责任。

小舅小叔,相追相逐

意指尽管辈分不同,但因年龄相仿而在一起毫无拘束。意谓辈分不同而年龄相仿的小孩,同样可以无拘无束地在一起玩耍。

小来穿线,大来穿绢

小时候穿粗布衣裳,长大穿绫罗绸缎。意谓人小时候生活贫穷,可以激励志向,长大才有发展。

小马儿乍行嫌路窄,雏莺初舞恨天低

乍:刚刚开始。雏:幼小的,刚生下不久。意思是小马刚开始行走时,总是嫌路太窄;雏莺刚学飞时,总是恨天太低。比喻青少年敢想敢干,无所顾忌。也通常说明刚见世面的年轻人自命不凡,不知天高地厚。

鞋不加丝,衣不加寸

丝:长度单位,十丝等于一毫。说明鞋的大小加一丝,衣服的大小增加一寸,就不合适了。

心安茅屋稳

指心里安稳,即使物质条件再差也能生活得很快乐。

心急马行迟

意指心里着急,总嫌骑的马行得慢。

心宽出少年

说明心胸宽阔的人不易衰老。比喻心情舒畅,无忧无虑,人就能延年益寿。

心里有谁,就爱看谁听谁

比喻男女青年对爱慕者常怀有某种特殊感觉。

新婚不如远归

指夫妻远离久别,乍一相聚,比新婚时更为欢乐恩爱。

行要好伴,住要好邻

指出门旅行要有个好旅伴,居住要有个好邻居。意谓周围环境的好坏对人的生活影响很重要。

性急嫌路远,心闲路自平

指心里有急事,自然会埋怨路远;心里无事,走路也觉得自在从容。

兄弟谗阋,侮人百里

谗:指说别人的坏话。说明兄弟间虽有争吵,但依旧共同抵抗外人的侵侮。形容兄弟之间即使存在纠纷,在关键时刻也能携手一心。

兄弟如手足,妻子如衣服

指形容兄弟关系的亲密。旧时观点认为兄弟如同手足,感情深厚,不可分离,妻子像衣服一样可随意穿脱。

休道黄金贵,安乐最值钱

指黄金虽然价值昂贵,但买不来安稳快乐的生活。

休恋故乡春色好,受恩深处便为家

比喻不必留恋故乡,哪里对自己有利就在哪里为家。

休妻毁地,到老不济

休妻,指旧时丈夫把妻休回娘家,断绝夫妻关系。毁地:毁掉了耕地。意谓休妻毁地,会使一个男人终生潦倒,一事无成。

Y

丫头做媒,自身难保

未结婚的女孩子自己还没婆家,无法替人说媒。说明自己立足未稳,无法帮助别人。

鸦窝里出凤凰,粪堆上产灵芝

意谓恶劣的环境中也往往能出优秀的人才。也比喻普通人家出了杰出人物。

咽喉深似海,日月快如梭

如梭,指像织布时梭子来回穿行一样快。人要天天吃饭,时间过得飞快。说明人要为将来精打细算。

盐罐发卤,大雨如注

说明盐罐里的盐如果发潮,是大雨来临的征兆。

阎王催命不催食

阎王,又称阎罗王。传说阎王催人命时也得让人把饭吃完。意谓再要紧的事也得让人把饭吃完了再说。

筵前无乐不成欢

指酒席宴会如果没有歌舞音乐相伴,就不能玩得快乐。

眼大肚子小

意谓食物做得多,事实上却吃不完。

扬州虽好,不是久恋之家

形容不是自己的家,不能久留不归。

羊羔跪乳,乌鸦反哺

即羊羔跪着前腿吃奶,乌鸦长大后衔着食物喂母乌鸦。意谓子女要有孝敬赡养父母的责任。

养儿防老,积谷防饥

生儿育女可以在年老体衰时有个依靠,积蓄粮食可以防备饥荒。

养儿像娘舅,养女像家姑

指男孩的长相像舅舅,女孩的长相像姑姑。

腰中有钱腰不软,手中无钱手难松

指腰包有钱就能挺直腰板,手中没钱就不敢放开手脚办事。

摇车儿里的爷爷,拄拐棍儿的孙子

意思是年龄小而辈分大,年龄大而辈分却小。

要饱还是家常饭,要暖还是粗布衣

只有家常便饭才能让人吃饱,只有粗布土衣才能让人感到暖和。告诫人们吃饭、穿衣但求舒适,不求奢侈。

要和人家赛种田,莫与人家比过年

过年时节,当然吃好穿好,悠闲自在,但过日子要勤劳节俭,不要和人家攀比吃喝玩乐。

要暖粗布衣，要好自小妻

说明粗布衣服最暖和，年轻时成婚的妻子感情最深。

要热是火口，要亲是两口

意指夫妻间感情最融洽，关系最密切。

一白遮百丑

意思是皮肤白净能够掩掉长相上的许多缺陷。

一般树上两般花，五百年前是一家

同姓本是一家人。说明同姓的人，都是一个宗族的，具有相同的宗族特征。

一不积财，二不结怨，睡也安然，走也方便

一不积累钱财，二不与人结下仇怨，生活得就非常悠闲自在。

一处不到一处迷

没有到过那里就不会了解那里情况。比喻管理照顾不到的地方就会出现混乱。

一朵鲜花插在牛粪上

通常比喻美女嫁了丑男。

一儿一女一枝花

指一对夫妻只生一儿一女，是很幸福的。

一分酒量一分胆

指有一分酒量就增添一分胆量。也指酒能壮胆。

一竿子插到底

形容男女结婚后一辈子厮守白头偕老，或将事情一下子做完。

一个姑娘小喘气，十个姑娘一台戏

通常比喻众多年轻姑娘聚在一起热闹欢快的场景。

一官护四邻

古时候指一家出了当官的，街坊四邻都受保护。

一号藤子结一号瓜

意谓有什么样的家庭教育，就培养出什么样的孩子。

一家安乐值钱多

指最可贵的是全家人祥和、平安、快乐。

一家不成，两家现在

意指姻缘能成，男女便成一家；即使不成，仍然各是各家人。也通常说明能成亲更好，成不了也不要结怨。

一家人不说两家话

说明自家人不必拘于礼节，过于讲究。

一家无二

说明都是一家人，没有两样。

一家有女百家求

即指上门求亲的人很多。意谓一家有女儿，许多家都会来上门提亲。

一家有事，四邻不安

指一家出了事，众邻居都会感到焦急不安。

一家有事百家忧

说明一家有了麻烦大家都来帮助。

一家有一主

指每家都有一个主事的人。

一龙九种，种种各别

指传说一条龙生下的九个儿子，它们各有各的相貌特征。意谓即使是同胞兄弟姐妹，同一祖宗的后代，其性格、长相和好坏也会有所不同。

一马不跨两鞍

常用来比喻女子不能嫁给两个丈夫。

一年大，二年小

形容虽然长大了，可依然很幼稚。

一女不吃两家茶

吃茶：这里意思是女子许配人家。旧俗男女订婚，男方要送茶去女方家。指因种茶下子后不可移植，故民间以茶喻婚约之不可改变。说明一个女子不能许配两家人。

一人有难众人帮

意指一人有了危难，乡亲邻里都愿伸出援助的手。

一日不害羞，三日吃饱饭

形容为填饱肚子而不顾忌廉耻。

一日不见，如隔三秋

秋：借指一年。指一天没见面，就如相隔了三年似的。比喻离别后的思念之情深切。

一日叫娘，终身是母

指一旦被称作为娘，一辈子就有了做母亲的资格。

一日相思十二时

十二时：指全天。古时分一昼夜为十二时，以干支为记。指整天整夜都在相思，极言情深。

一世破婚三世穷

形容破坏别人的姻缘要受到三世穷困的惩罚报应。

一树之果，有酸有甜；一母之子，有愚有贤

指同一棵树上结出的果子，有酸也有甜；同一个母亲所生的孩子，有愚笨的，也有聪明的。意谓人和人之间是有差别的，不可能一模一样。

一丝为定，千金不易

意指极其微小的东西便可作为订婚的信物，即使价值千金贵重的东西也不能改变已订的婚约。

一岁是男，百岁是女

封建礼教限制男女之间接触，即使年龄想差悬殊，也必须遵守“男女有别”的规矩。

一碗饭能顶三服药

吃饭能增强抵抗力。甚至吃饭胜于吃药。

一夜夫妻百日恩，百日夫妻一辈子亲

指一旦结成夫妻就有长久的恩爱感情，形容夫妻之间的感情是非常深厚的。

一夜只盖半夜被，米缸做在斗笠里

斗笠，指用竹篾夹油纸或竹叶做成的一种尖顶帽子。一般用来比喻生活非常贫困。

一张床上说不出两样话

指夫妻俩对事情的看法和态度一致。也说明夫妻一条心，办事的方法和观点都会一致。

一竹竿打到底

比喻男女相爱相守久远。

一醉解千愁，酒醒愁还在

喝酒喝醉了只能消除一时的烦恼，不可能帮助人彻底解除忧愁。

衣是精神钱是胆

指穿上合身的衣服，人看起来精神就会焕发；有了金钱，人就有了做事情的胆量。

以财为草，以身为宝

意思是把钱财看得像杂草一样一文不值，把身体看得像宝贝一样贵重。经常劝勉人不要看重钱财。

以色事他人，能得几时好

指用自己的青春美色讨别人的喜欢，能有多少好日子？意谓青春易逝，把受恩宠寄托在美貌上是靠不住的。

姻缘本是前生定，不是姻缘莫强求

古时候认为男女婚配是前生就注定了的，不可强求。

姻缘本是前生定，曾向蟠桃会里来

蟠桃，指三千年一熟的仙桃。蟠桃会，第一种意思是指旧历三月三日是西王母的祭日，另外一种意思是指仙人蟠桃聚会。比喻姻缘是前生早就注定了。

姻缘配合凭红叶，月老夫妻系赤绳

红叶：唐朝卢渥在御沟中拾得红叶，上有“殷勤谢红叶，好去到人间”之句，后宫中发放宫女，卢渥持此叶与题红叶诗的宫女配婚。月老：月下老人，传说月下老人用红绳系男女足，使成配偶。旧社会认为男女婚配都是命中注定而由月老做媒介的。

姻缘五百年前定

旧时观点认为男女婚姻早在五百年前上天已作了决定。

姻缘姻缘，事非偶然

旧指男女婚配并不是巧合，都是命中注定的。

姻缘有分片时成

分：缘分。旧指男女之间只要有缘分，婚姻很快就会促成。

英雄难过美人关

多指有才能的人很难拒绝美色的诱惑。比喻有志向的英雄人物常容易被年轻美貌的女子所迷惑,因而丧失理智不能自拔。

英雄气短,儿女情深

指英雄气概不足,恋爱中的男女情意绵长。也通常说明英雄人物往往沉湎情爱,失去奋发进取的气概。

迎新不如送旧,新婚不若远归

意思是迎接新来人不如送走身边的老朋友感情激动,夫妻新婚不如远别归来感情浓烈。也指人与人相处,新不如故。

有其父必有其子

有什么样的父亲就会有什么样的儿子。比喻父亲的言行会对儿子造成直接影响。

有钱莫娶生人妻

生人妻:指丈夫还在世的妇女。意思是娶生人妻会引起各种非议,麻烦。

有钱千里通,无钱隔壁聋

指有钱人办事,远隔千里都畅通无阻;无钱人办事,近邻隔壁也装聋不应。

有情何怕隔年期

指双方若是有感情,哪怕等待一年的时间也愿意。比喻只要男女双方有感情,就不怕长时间的分别。

有情铁能发光,无义豆腐咬手

形容有情有义,什么事情都好办;无情无义,办什么事都困难。

有说有的话,没说没的话

手头富裕作富裕的打算,手头拮据作拮据的安排。说明做事情要从实际情况出发。

有天没日头

比喻处境极为艰难困苦。

有腿没裤子

说明贫穷到了极点。

有一顿没一顿

指吃了上顿没有下顿。形容生活艰难。

有缘千里能相会,无缘对面不相逢

指有缘分的人,远隔千里也能相见;无缘分的,即使在眼前也难碰到。古时指人的相聚,特别是男女姻缘,是靠缘分的。

有种有根,无种不生

比喻下一代人的所作所为与上一代人一样。

远路没轻担

指路途远了,即使担子再轻也会觉得越来越重。

远亲近邻,不如对门

指远亲不如近邻,近邻又不如对门更便于亲近互助。

远行无急步

指走长路不宜走得太快,因为后劲不足,反而耽搁行程。

愿天下有情人皆成眷属

祝愿情投意合的男女都能结成夫妻。常用来对未婚青年的祝词。

月里嫦娥爱少年

嫦娥:指神话中的月宫仙女。形容美女喜爱年轻的小伙子。

月亮出来是圆的,小两口打架是玩的

指年轻夫妻吵嘴打架是常有的事。

Z

宰相回乡拜四邻

说明当朝一品的大官回到家乡,也要拜访四邻。形容官位再高也不能欺压乡亲。

再好的儿女也不如半路夫妻

半路夫妻:指男子再娶或女子再嫁所结成的夫妻。指儿女再孝顺,也不如夫妻之间感情体贴温暖。

在家不知出门的苦

说明出门在外的辛苦,在家的人是体会不到的。

在家敬父母,何用远烧香

说明孝敬父母是第一位的,不必去远处烧香拜佛。比喻到外地去烧香敬神,还不如在家孝敬父母。

在家靠娘,出门靠墙

在家时凡事可依靠母亲,出门住店时要靠着墙壁睡觉。指出门在外的人无依无靠。

在家千日好,出门一时难

意思是离家外出即便时间很短也不如在家舒适方便。比喻在家做什么事都方便,到了外面就会感到处处不便。

在山靠山,在水靠水

指依靠当地的自然条件生活。

在一方,吃一方

形容依靠所处的环境过日子。

早起三光,迟起三慌

指早晨起得早时间宽余,可以顺利地做许多事情;早晨起得晚时间就会紧张,便手忙脚乱办不好事情。多用来劝人早起,不要贪睡。

贼打、火烧喊四邻

发生盗窃或火灾时,首先要向四邻求救。也指处好邻居关系非常重要。

站有站相,坐有坐相

指人无论站还是坐,都要讲究姿态美。

朝朝寒食,夜夜元宵

寒食,指清明前一天,古代的寒食这天不生火做饭。元宵:农历正月十五,又称灯节。意指每天都像过节一样快乐。

丈母娘看女婿,越看越喜欢

说明丈母娘疼爱闺女,看到女婿自然也就喜欢。

珍馐百味,一饱便休

馐:好吃的东西。指再美好的饭食,也只能吃饱为止。经常用于劝人不要贪食。

枕边告状,一说便准

指枕席之间女子向男子所诉说的事情,最易办成。也说明亲近和宠爱,最容易使人偏听偏信。

正锅配好灶,歪锅配蹩灶

意思是好的与好的相配,有缺陷的与有缺陷的相配。多指夫妻婚配。

知己者莫过夫妻

指夫妻昼夜相伴,彼此间最为了解,最为相知。

知冷知热是夫妻

说明夫妻间生活上应互相关照,彼此体贴。

知子莫若父

意思是父亲是最了解自己的儿子。

知子莫若父,知女莫若母

指最了解儿子的是父亲,最了解女儿的是母亲。

脂粉虽多,丑面不加;膏泽虽光,不可润草

指脂粉再多,也不能改变丑陋的容貌;膏油再光亮,也不能使枯草发出光彩。

只愁不养,不愁不长

说明一旦有了孩子,不用为他的长大而发愁。

只要风度,不要温度

只追求外表漂亮而不顾身体冷暖。

只有痴心的父母,难得孝敬的儿郎

说明疼爱儿女的父母多,但孝顺父母的儿女却很少。

只有私房路,哪有私房肚

私房:借指个人的、不愿与别人分享的。指道路可以由你独占,肚子却不能由你多吃。

指儿不养老,指地不打粮

指:希望。意谓指望他人帮助是达不到目的的,只有靠自己努力。

至亲莫如父子,至爱莫如夫妻

意思是父子间的感情最好,夫妻间恩爱最深。

至亲无文

至亲:关系最近的亲戚。指关系最亲近的人之间不用虚礼。

种田不熟不如荒，养儿不肖不如无

指种庄稼不能生长成熟，还不如把田抛荒；养儿子不孝顺，还不如没有儿子。

妯娌多了是非多，小姑多了麻烦多

说明大家庭中因妯娌、小姑多，就会产生很多是非和麻烦。

竹门对竹门，木门对木门

竹门：指贫穷人家。木门：指有钱人家。古时认为男女婚配应当门当户对。

赚钱伙计，柴米夫妻

合伙经商，有钱可赚就是好伙计；男女结合，有吃有穿才能做好夫妻。

庄稼不照只一季，娶妻不照是一世

庄稼没种好，只是一季的事；媳妇没娶好，却是一生的事。说明娶妻要谨慎。

装啥像啥，卖啥吆喝啥

比喻做什么装得就得像什么。

子孝双亲乐，家和万事成

子孙孝顺，长辈就快乐，家庭和睦，办事就顺利。

自古白马怕青牛，虎兔相逢一代休；金鸡不与犬相见，猪与猿猴不到头

白马、青牛、虎、兔、金鸡、犬、猪、猿猴是十二属相中的八种动物。旧时迷信认为属马的与属牛的，属虎的与属兔的，属鸡的与属犬的，属猪的与属猴的，相冲相克，不宜结为夫妻。

自古妇人无贵贱

旧时认为妇女自身没有固定地位，丈夫或儿子显贵时，她就高贵；丈夫或儿子微贱时，她就低下。

自古红颜多薄命

红颜：指年轻漂亮的女子。薄命：指短命。自古以来，貌美的女子大都遭逢悲惨的命运。

自古妻贤夫祸少，应知子孝父心宽

说明妻子贤惠，丈夫灾难就少；儿子孝顺，做父亲的就感到宽慰。

自古月老管说媒，不管夫妻不夫妻

月老：指媒人。指媒人只管把婚事说成，两口子能不能过得幸福，媒人就不管了。

走尽天边是娘好，诸亲百眷莫轻求

指不管走到哪里，母亲总是最亲最好的人。

走千里路，问千里话

指走到哪里就要问到哪里，要入乡随俗。也说明各地风俗不同，人情各异。

祖坟上冒青烟

旧时观念认为积了德的祖辈，其后代自有出息。

嘴上无毛，办事不牢

指年轻人办事情往往不牢靠。说明年轻人缺乏经验，考虑问题办事情往往不周全。

醉人不醉心

指人喝醉了，但往往心里并不十分糊涂。

作者不居，居者不作

指造屋的人不住，住的人不造屋。

做天难做四月天，做人难做在中年

指人到中年，上有老下有小，家庭负担很重，犹如四月里天气，晴也不是雨也不是，因为各种庄稼的要求不同。